JN329553

日本の城・再発見

彦根城、松本城、犬山城を世界遺産に

五十嵐敬喜＋岩槻邦男＋西村幸夫＋松浦晃一郎　編著

彦根城

「関ヶ原合戦図屏風」江戸時代末期、彦根城博物館蔵
本図は、形勢が東軍有利に転じた9月15日午後からの合戦の模様を描く。

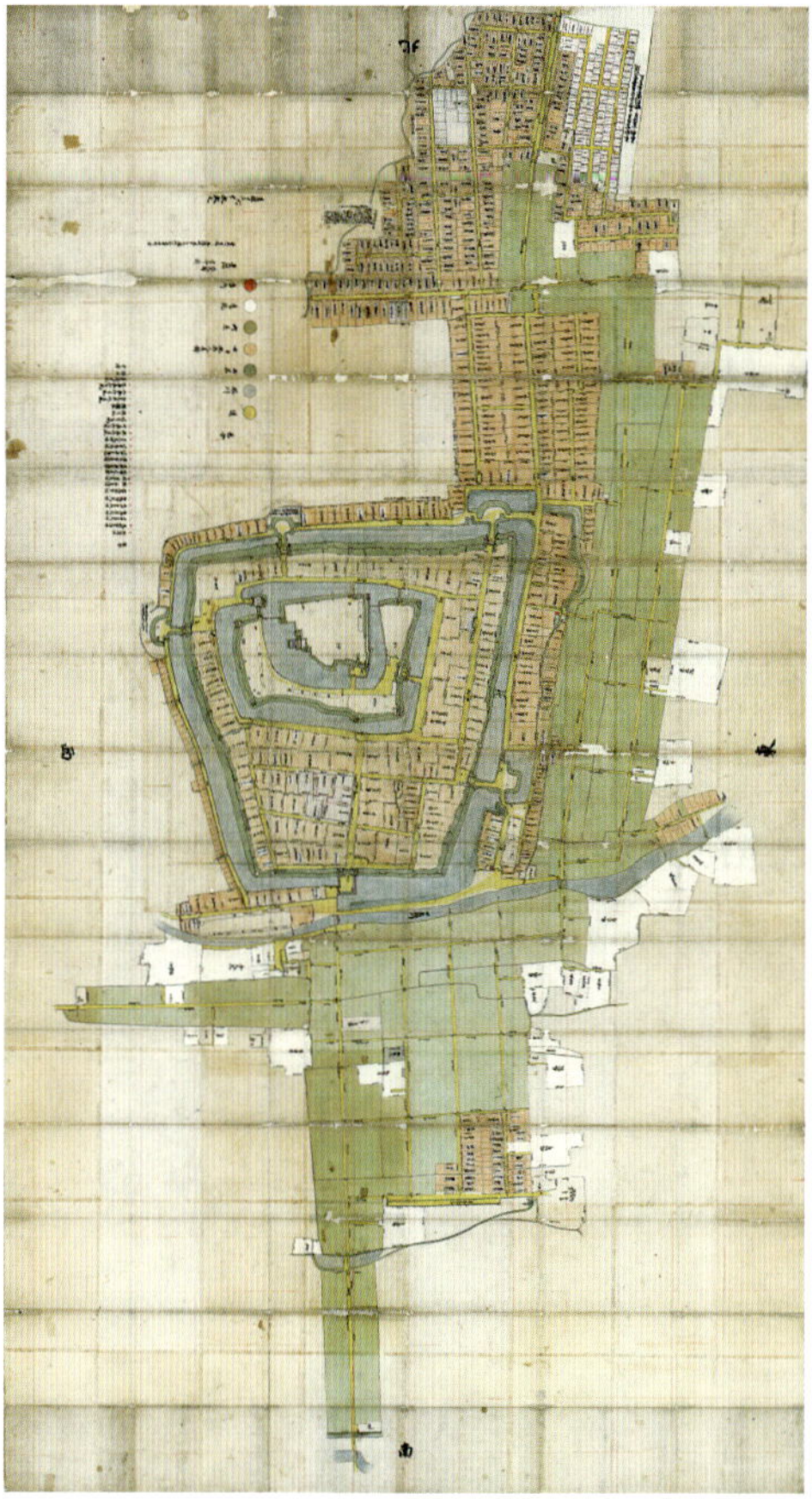

「享保十三年秋改　松本城下絵図」享保13年、
松本城管理事務所蔵　戸田家が再入封した当時の松本城下

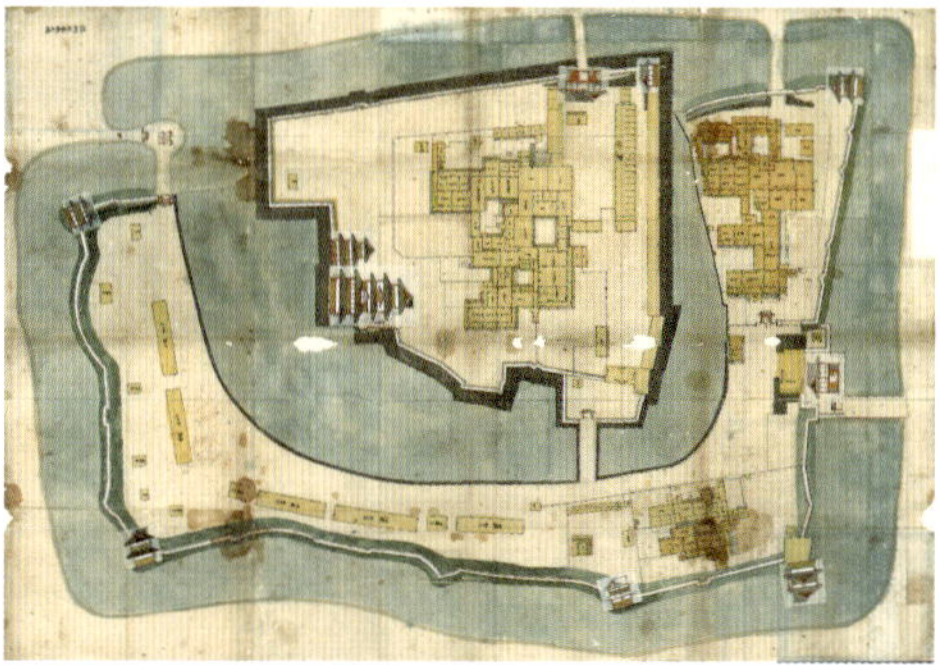

「信州松本城図」正徳２年頃、松本城管理事務所蔵
水野氏統治時代の本丸と二の丸

撮影：上條作郎

—松本城—

犬山城

「小牧長久手合戦図屏風」享和元年、犬山城白帝文庫蔵
後に成瀬家初代犬山城主となった正成の初陣の勇姿が描かれている。

「黒漆菊桐文蒔絵鎧櫃」桃山時代、犬山城白帝文庫蔵
小牧長久手合戦のさい、犬山城に入城した羽柴秀吉が持参したとされる鎧櫃。高台寺蒔絵と共通する趣をもつ優品。

現存天守12城

丸岡城（重要文化財）
福井県坂井市　1576年

弘前城（重要文化財）
青森県弘前市　1810年

彦根城（国宝）
滋賀県彦根市　1606年

松本城（国宝）　撮影：白島真太郎
長野県松本市　1593-94年●

姫路城（国宝・世界文化遺産）　撮影：麓 和善
兵庫県姫路市　1609年

犬山城（国宝）
愛知県犬山市　1600年●

高知城（重要文化財）
高知県高知市　1747年

松江城（重要文化財）　撮影：矢野和之
島根県松江市　1607-11年

松山城（重要文化財）
愛媛県松山市　1854年

備中松山城（重要文化財）
岡山県高梁市　1681-83年

宇和島城（重要文化財）　撮影：矢野和之
愛媛県宇和島市　1664-65年

丸亀城（重要文化財）　撮影：麓 和善
香川県丸亀市　1643-60年

＊末尾は現存する天守の建造年　● 諸説あり

はじめに

お城のことを知らない日本人はいない。日本人であれば、誰でもお城に関して何らかの一家言をもっているだろう。

近代化と戦災によってその多くは失われてしまったが、現在もなお、弘前城、丸岡城、松本城、犬山城、彦根城、姫路城、松江城、備中松山城、丸亀城、松山城、宇和島城、高知城の一二城の天守が残存している。このほか熊本城の宇土櫓をかつての天守と見なす説もあり、これを含めると現存天守は合計一三城ということになる。これらはすべて、国宝（松本城、犬山城、彦根城、姫路城）もしくは重要文化財に指定されている。

天守以外にも、国内の各地の城には、櫓や門、高石垣や堀などが数多く残されており、都心を象徴する重要なモニュメントとなっている。戦後、城郭を復興する運動が日本各地で起き、名古屋城や岐阜城、大阪城、和歌山城、岡山城、広島城、熊本城など数多くの天守が復元され、現在もなお多くの城で復元整備の事業が進められている。都市再生の精神的なシンボルとしてお城が求められているのだろう。たしかに城山や天守が見える様子は都市そのもののイメージを決定づけているともいえる。

明治期に廃城されたのち、建物が取り壊されたところでも、跡地はその後ほとんどが城址公園として生まれ変わり、市民に親しまれる憩いの場となっている。

近世の城とともに生まれた城下町も、数多くの都市の骨格となっている。東京、大阪、名古屋に始まり、仙台、山形、水戸、金沢、静岡、岡山、広島、高松、松山、熊本、鹿児島など、日本の大都市の大半が城下町としてその姿を整えてきた。

日本の近世初頭に確立した城と城下町は、日本の都市のかたちに決定的な影響を及ぼして今日に至っているのである。

多くの日本人は城を愛し、城の復興を支持してきた。しかしながら、城や城下町はあまりに近い存在でもあるため、その大切さは常套句を繰り返すように語られるだけで、城や城下町の本質的な価値をあらためて問い直す機会は、かえって少なかったともいえる。

本書は、姫路城に加えて、彦根城・松本城・犬山城の三城を世界文化遺産とするために、これらの近世城郭の「顕著で普遍的な価値」を正面から考えることをめざしている。このことによって、われわれ日本人にとって、お城とはどういう存在だったのか、それは日本の歴史とどのように関わり合っているのか、城郭の建物としての価値はどこにあるのか、さらに日本の城郭の世界での位置づけはどうなるのか、などという問題をあらためて論じたいと思う。

そのことが私たち日本人の由って来たるところを知ることにもつながる、と考えるのはおおげさだろうか。

二〇一四年一月　西村幸夫

目次

第一章　日本の城考

城と天守の歴史・様式・技術

国宝四城を世界遺産に

麓 和善

城の歴史

城の原意は、中国最古の字典『設文解字』によると、「以盛レ民也、从二土成一」とあり、城は民を盛《い》れるもので、土と成との合字、すなわち都邑《とゆう》の周囲に設けた障壁の意である。

この意味からすると、弥生時代の大規模環濠集落である吉野ヶ里遺跡も、先史時代における城といえる。二重の環濠で囲繞《いじょう》し、堀の内外に敵の侵入を防ぐために、逆茂木《さかもぎ》*、木柵、土塁が設けられ、複数の物見櫓が建てられていた。

そして、中国では「条坊制*」によって区画された都市を、「羅城」と呼ばれる城壁で囲った、まさに城の原意そのものの「都城」が成立し、七世紀後半にはわが国にも「都城制」が導入された。これが考古学的に確認できる最初の都は藤原京であるが、条坊制のみで、羅城は確認されていない。次の平城京では南辺中央の羅城門の左右に羅城の一部が築かれたが、東・西・北

逆茂木（さかもぎ）
先端をとがらせた木の枝を外に向けて並べた柵。

条坊制
南北中央に朱雀大路を配し、南北の大路（朱雀）と東西の大路（坊）を碁盤の目状に組み合わせた都市の区画配置法。

辺は省略されたようである。

一方、辺境の前衛基地においては、白村江の戦い（六六三）に敗れた翌年、中大兄皇子（天智天皇）の命によって、唐・新羅の侵攻に対する防御線として、大宰府の北西約二キロの位置に、長さ一・二キロの直線状の堀と土塁からなる「水城《みずき》」が築かれた。そして翌六六五年に大野城《おおののき》（福岡県）、基肄城《きいのき》（佐賀県）、長門城《ながとのき》（下関）、六六七年に金田城《かねたのき》（対馬）、屋島城《やしまのき》（香川県）など、九州から瀬戸内海沿岸にかけて、標高四〇〇～五〇〇メートルの山頂に山城が築かれた。これらを特に「古代山城《こだいさんじょう》」と呼んでいる。

さらに大和朝廷は、七世紀後半から九世紀前半にかけて、東北方面の蝦夷《えみし》に対する経略として、国府の機能を併せ持つ軍事的防御施設として「城柵」を設けた。この城柵とは総称で、個々の名称は、城と柵のいずれかの字が付けられたが、いずれも「き」と呼ばれていた。日本海側では六四七年の渟足柵《ぬたりのき》（新潟県）を史料上の初見とし、以後九世紀までに磐舟柵《いわふねのき》（新潟県）、出羽《でわ》柵《のき》（庄内地方）、秋田城《あきたのき》、城輪柵《きのわのき》（酒田）、雄勝城《おかちのき》（秋田県）が設置された。一方、太平洋側では七二四年に按察使《あぜち》大野東人《おおののあずまびと》が築いた多賀城《たがのき》（宮城県）が古く、その周辺には玉造柵《たまつくりのき》、色麻《しかま》柵《のき》、新田柵《にいたのき》、牡鹿柵《おしかのき》も設けられた。そして、八〇二年には坂上田村麻呂《さかのうえのたむらまろ》によって胆沢城《いさわのき》（岩手県）が設けられ、多賀城から鎮守府が移された。翌年には志波城《しわのき》（盛岡）が設置されたが、雫石川の氾濫による被害から、八一一年に文室綿麻呂《ふんやのわたまろ》の建議により、その南の徳丹城《とくたんのき》に移設された。

以上東北辺境の城柵は、小高い丘の上に官衙《かんが》が設置され、その周辺に鎮兵の住居を配置し、周囲を土塁や木柵で囲繞し、見張り台として高楼の櫓を備えていた。そして、その周辺には「柵《きの》戸《へ》」と呼ばれる内国からの移民の開拓地が置かれ、有事には柵戸も城柵内に避難したといわれている。なお、櫓には二種類の意味があり、兵器庫である「兵庫《つわものぐら》」の場合と、高楼の城櫓の場合がある。

朝鮮半島との軍事的抗争が絶え、また一〇世紀頃から征夷政策が収束に向うと、古代山城も「城柵」も、その重要性が薄れてきた。そして、平安貴族の没落と武家の勃興によって中世を迎えるが、地方の土豪が武士団を編成し、軍事とともに政治・経済の実権を掌握するようになると、かつての国府の城柵のような、土塁や堀および柵・板塀を備えた武家の居館が成立する。これを「館《たち・たて》」と称するが、その例を『粉河寺縁起絵巻』（粉河寺蔵・京都国立博物館寄託）に見ると、堀の内側に板塀を建て、門の上には屋形をのせて弓矢を備えている。

一方、古代山城のように地形が険しく、敵の攻撃に対して守りやすいところには、やはり山城が築かれた。これを中世では「要害」と称するが、楠木正成が河内金剛山西側の一支脈の先端に築いた千早城がその好例で、五つの曲輪＊と空堀＊・堀切＊などが設けられ、望楼櫓が建っていた可能性も指摘されている。

このように南北朝以降の「要害」は、複数の曲輪で構成され、さらに山麓の「館」が城下町として発展していく。そして、古代律令制における国府から、鎌倉幕府・室町幕府における守護所へと転換していく過程において、かつての国府の地が守護所として選ばれ、いわゆる城下町として発展した例も少なくない。このように城下町が発達すると、山城の要害は徐々に平地へと移行し、とりわけ守護大名に代わって戦国大名が出現するのにともなって、彼らによって築かれた城が飛躍的に増大し、山城ではなく、平地の中の丘陵に築かれた「平山城《ひらやまじろ》」や、平地に築かれた「平城《ひらじろ》」が主流となっていく。

曲輪（くるわ）
城・砦など、一定の区域の周囲に築いた土や石のかこい。

空堀（からぼり）
水のない堀。

堀切（ほりきり）
地面を掘って切り通した堀。

いよいよ天守を備えた近世城郭の出現となるが、その嚆矢は織田信長の安土城といわれる。

天守の起源については、江戸時代から諸説あり、これを分類・整理すると、建築の形態・構造から①楼閣説と②高櫓説の二説、機能的意味合いから、③天守は天下の守備とする天守説、④殿主は一殿の主頭とする殿主説の二説、宗教思想を由来とする⑤天主（儒教）説、⑥天主（仏教）説、⑦天主（キリスト教）説、⑧殿守（神道）説、さらに内藤昌によって提案された⑨天主（天道）説の五説がある。

そして内藤昌の天主（天道）説では、安土城天主の造営内容の淵源として、「天山道有」と号した足利義満が北山弟に建てた三階楼閣（金閣）に注目し、天下人が造営した高層建築として北山弟→二条城→安土城の系譜があることを指摘したうえで、その破天荒な規模と内容から、やはり安土城を天主の濫觴《らんしょう》としている。

「粉河寺縁起絵巻」(部分)
粉河寺蔵、京都国立博物館寄託

金閣　撮影：麓 和善

安土城天主　内藤昌復元

近世城郭の縄張

都市（城下町）と政治（藩政）の中枢としての近世城郭は、平山城あるいは平城が一般的で、堀や石垣あるいは土塁および塀で囲繞された複数の郭（曲輪）で構成されていた。郭は中心部から「本丸」（さらに天守付近を独立させて「天守丸」と称する場合もある）・「二の丸」・「三の丸」と呼ばれ、数字で表されるのは三の丸までで、それ以上は「西の丸」等方位による名称が多く、ほかに自然風雅を楽しむ「山里丸（曲輪）」、水源施設を持つ「水手曲輪」、帯状に細長い「帯曲輪」・「腰曲輪」などがある。

さらに、城郭中枢部と、その外側の城下町を堀や土塁・石垣で囲繞したものを「総曲輪」あるいは「総構《そうがまえ》」という。その初期の例として、織田信長の岐阜城下や安土城下（安土御構）があり、豊臣秀吉が京都に全長約二二・五キロメートルにわたって築かせた「洛中総構」（御土居）はとりわけ有名である。

郭の縄張（配置）は、「梯《てい》郭式」「連郭式」「環郭式」「渦郭式」の四形式を基本とし、その変形あるいは複合したものも少なくない。

また、天守は単体で建つばかりでなく、付櫓や小天守が付属する場合が多い。天守そのものの縄張は、一般的に「複合式」「連結式」「連立式」「独立式」の四形式に分類されている。これに対し、内藤昌は、これら四分類を、その変遷過程も含めて検討し、「梯立式」「連立式」「環立式」「単立式」とすることを提案している。まず未熟な石塁構築技術ゆえに、不整形な天守台に、あたかも天守の階梯となるような付櫓が添えられた「梯立式」が成立し、次に付櫓が独立して小天

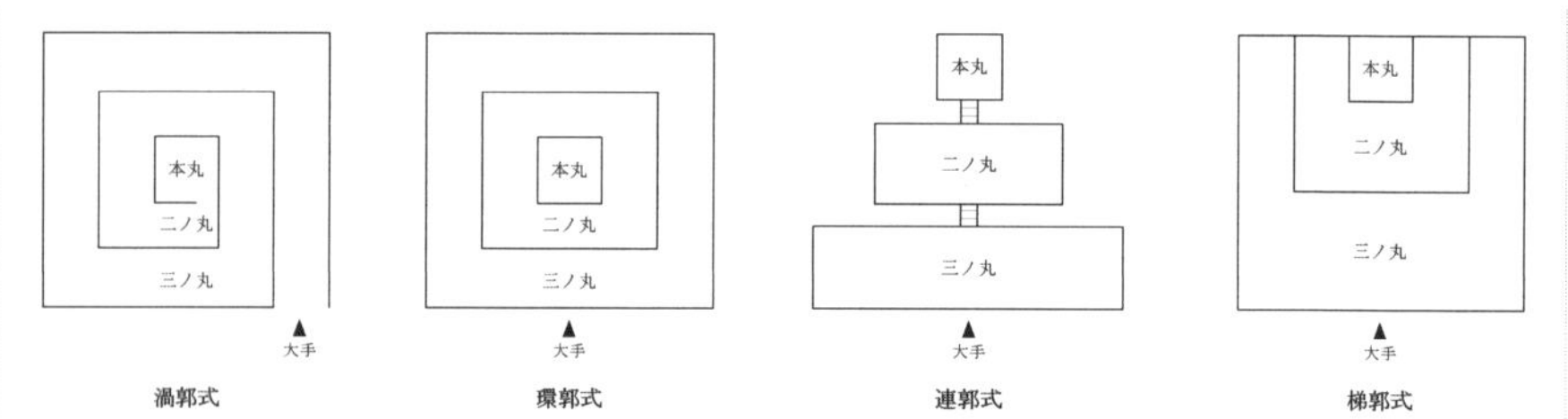

郭の縄張

守となって、大天守とつながりそびえたつ「連立式」となり、さらに小天守への接続が一巡して環状になった「環立式」へと発達する。そして元和偃武《げんなえんぶ》以後、天守は「一城の飾」と化して環立式の縄張りは本丸殿舎との連絡上、その必要性が認められなくなり、本丸内最奥の位置に「単立式」で建てられることとなる。

さて、以上の郭の縄張、および天守の縄張については、各地に残る多数の城絵図・城下絵図によって、現存しない城郭や天守についても、かなり詳細に確認することができる。その代表的な城絵図として、正保元（一六四四）年に、幕府が各藩に命じて作成させた「正保城絵図」と呼ばれる一群がある。城下の町割りも含めた城絵図で、城内については郭の配置や、各郭内の建物が描かれ、石垣の高さや、堀の幅と深さなどの情報も記入されている。幕府の命を受けてから数年で各藩は絵図を提出し、幕府はこれを江戸城内の紅葉山文庫に収蔵していた。幕末の同文庫の所蔵目録『増補御書籍目録』には一三一鋪が記録されている。現在は国立公文書館に六三鋪が所蔵されているほか、各藩の下絵あるいは控えとして作成されたものが、全国の旧城下町の図書館・資料館等に所蔵されている。

さらに各藩では、城内の石垣や建物の修理を行なう場合、幕府からの許可を受けることが武家諸法度により定められており、この届出のためにその都度絵図等を作成していた。元和五（一六一九）年、広島城主福島正則が、大洪水による修理を幕府に無断で行ったことが武家諸法度違反としてとがめられ、改易になった例もあるほど、幕府への届出は厳しいものであった。以上のような城絵図に加えて、各藩の建築工事を担当する作事方によって作成された建物の正確な図面が残っていることも少なくない。

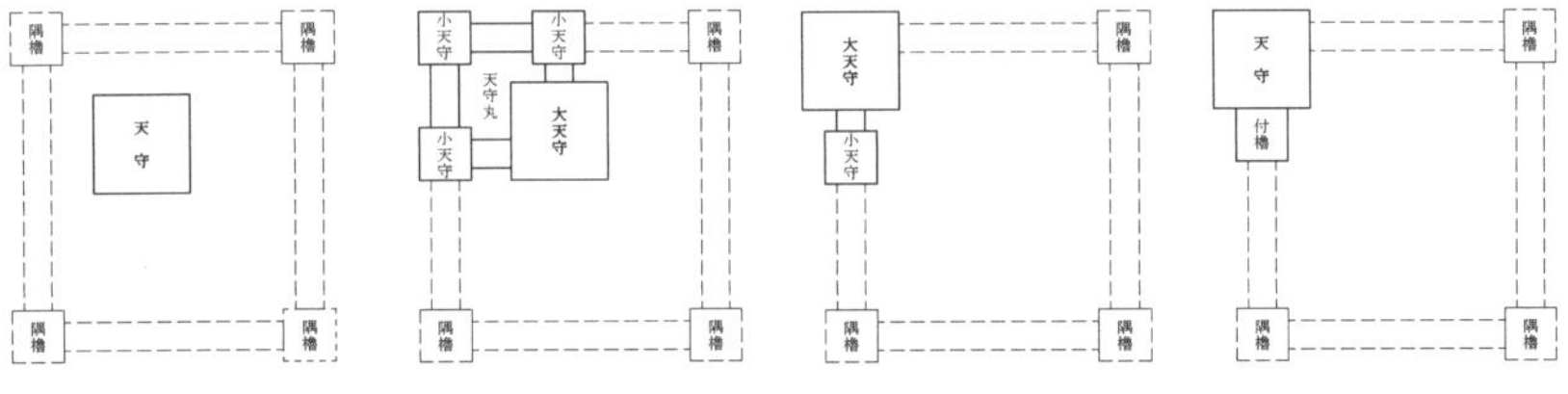

単立式(独立式)　環立式(連立式)　連立式(連結式)　梯立式(複合式)

天守の縄張

明治維新後の急激な変革の中、明治六（一八七三）年に発せられた廃城令（全国城郭存廃ノ処分並兵営地等撰定方）によって、全国のほとんどの城郭で取り壊しが行われたにもかかわらず、今なお全国各地に膨大な量の城郭に関する文献史料が残っていることは、近世城郭の注目すべき特色といえる。

天守の様式と技術の変遷

天守は、天正七（一五七九）年竣工の安土城天主から寛永一五（一六三八）年再建の江戸城

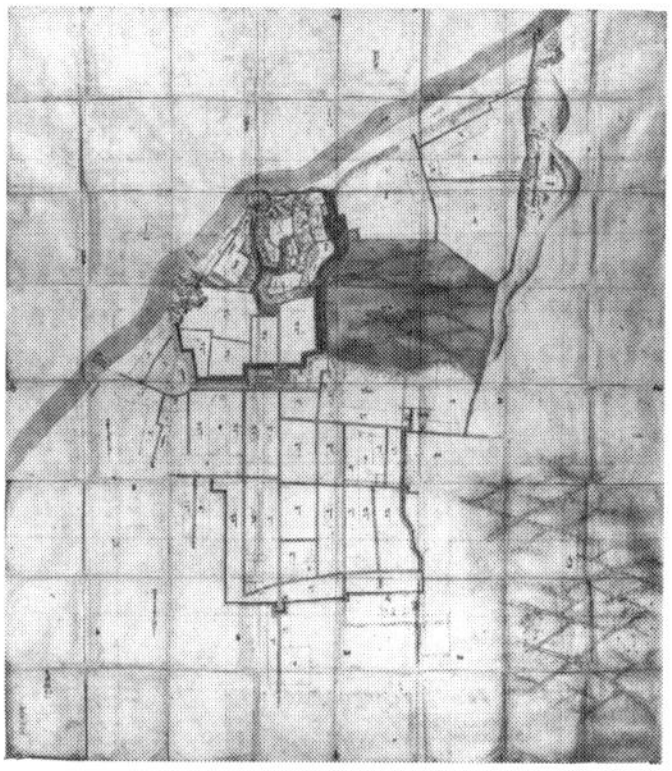

「犬山城絵図」正保4（1647）年
徳川林政史研究所蔵

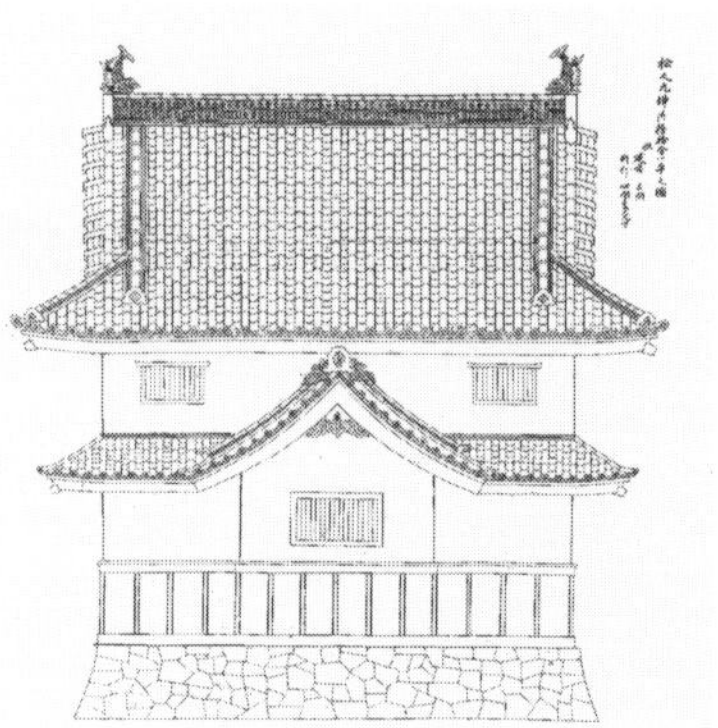

「犬山城松之丸坤櫓十分一之図」
犬山城白亭文庫蔵

天守にいたるまで、わずか約六〇年間に、望楼型から層塔型へと、様式および技術が飛躍的に発達した。
望楼型とは、低層の櫓（兵庫《つわものぐら》）の上に、小さな望楼状の建物をのせた形式で、天守発生期の特色を持つ。一方、層塔型は、多層（重）の塔のような形式で、天守完成期の特色を持つ。この天守様式の変遷を、天守台の石垣構築技術、天守本体の木造架構技術のうえから見てみよう。

石垣構築技術

石垣の積み方は、積み上げる個々の石「築石《つきいし》」の加工程度から、一般的に「野面《のづら》積み」「打ち込みはぎ」「切り込みはぎ」の三種類に分けられる。野面積みは、城郭の石垣では、古い手法で、

望楼型天守　犬山城天守　撮影：麓 和善

層塔型天守　名古屋城大天守　撮影：麓 和善

自然石をそのまま積むので隙間が多いが、排水性に優れている。安定性に劣るため勾配が緩く、反りも少ない。打ち込みはぎは、築石表側の面《つら》や輪郭をある程度加工し、隙間に小石「間詰石《まづめいし》」を詰める。野面積みより安定性が増し、勾配を急にすると同時に反りを強くすることができる。切り込みはぎは、築石表面および隣り合う石の合端《あいば》を完全に成形し、隙間なく積み上げる。打ち込みはぎよりさらに安定性が増し、勾配を急にすることができる。

また、石垣の隅角部は、特に強度を必要とするため特別の工夫が施される。すなわち、隅角部に用いられる「隅石」は築石より大きい石を用い、石の長辺を隅の両面に交互に出すように積む「算木積み」工法が早くから用いられ、打ち込みはぎでも隅石は次第にきれいな直方体に整形され、同じく整形された「隅脇石」をともなうようになる。

なお、石垣は表面だけで、その内部は土塁であるが、当然かなりの強度が必要で、強固な地

野面積み　松本城天守　撮影：麓 和善

打ち込みはぎ　熊本城大天守　撮影：麓 和善

切り込みはぎ　金沢城石川門　撮影：麓 和善

山を削って、その表面に石垣を築くことになる。安土城や岡山城のように、地山の地形に従って、平面が不等辺多角形となることもあるが、時代が降るとともに矩形に整えられていく。

天守の木造架構技術

日本建築は、柱や束等の垂直材と梁や桁等の水平材を組む軸組構法であるが、天守のような高層建築の場合、地震や強風などの横力に耐えうるために、層数および階数を重ねながら、複数階を一本の柱で貫く「通柱《とおしばしら》」を、いかに効果的に配置するかということが、建築技術上の重要課題となる。

そこで、現存する一二城の天守、および天守に準ずる規模を持つ熊本城宇土櫓について、この架構法を模式的に図化し、一覧・比較してみよう。

算木積み　丸亀城　撮影：麓 和善

岡山城天守　撮影：麓 和善

姫路城天守　入母屋造屋根の妻面　撮影：麓 和善

丸岡城天守から、熊本城宇土櫓までと、慶長期の天守焼失後、延享四（一七四七）年に旧状のとおりに再建されたという高知城、これらの望楼型天守は、外周の柱（側柱《がわばしら》）およびその一間内側（入側柱《いりがわばしら》）を中心に二階分ずつ通柱を配して、その上に梁を井桁に組み、これを一つの構造ユニットとして、二〜三単位を重ねている。この架構方法を「井楼式通柱構法」という。

次の彦根城天守は全く通柱を用いていないのでひとまず除外し、姫路城大天守を見ると、石垣上二階までは同様に通柱を配して梁組をのせ、その上に三階の管《くだ》柱（一階分の柱）を立てて梁組をのせている。ここまでは以前の望楼型天守の架構方法と同様であるが、四階から上を見ると、側柱筋に四階から五階に延びる通柱を立て、その中間に五階の床を受ける梁を架けて、この梁の上の一間ほど内側に入ったところに、下の柱位置とは関係なく五階から六階に延びる通柱を立てている。この上下の柱位置を関係なくする、言いかえれば上下層の側柱位置を自由にすることによって、四・五層目をバランスよく逓減させているわけで、後述する層塔型天守と同様の架構方法である。加えて、姫路城大天守にのみ見られる、穴蔵から六階床下まで延びる大通柱を中央に二本立てている。

松江城天守は、特に桁行断面にその特徴がよく表れているが、一〜二階の側柱筋と入側柱筋に通柱が立ち、その一間内側に二〜三階に延びる通柱、その一間外側に三〜四階に延びる通柱、その一間内側に四〜五階に延びる通柱というように、各階交互に通柱を配して、天守全体を一体的に組み上げている。これを「互入式通柱構法」という。

江戸期に入ると三層までの小規模な層塔型天守となるが、通柱は側柱筋には用いられず、内側に立てられる。そして通柱のない丸亀城も含めて、二階および三階の側柱は、下階の入側に

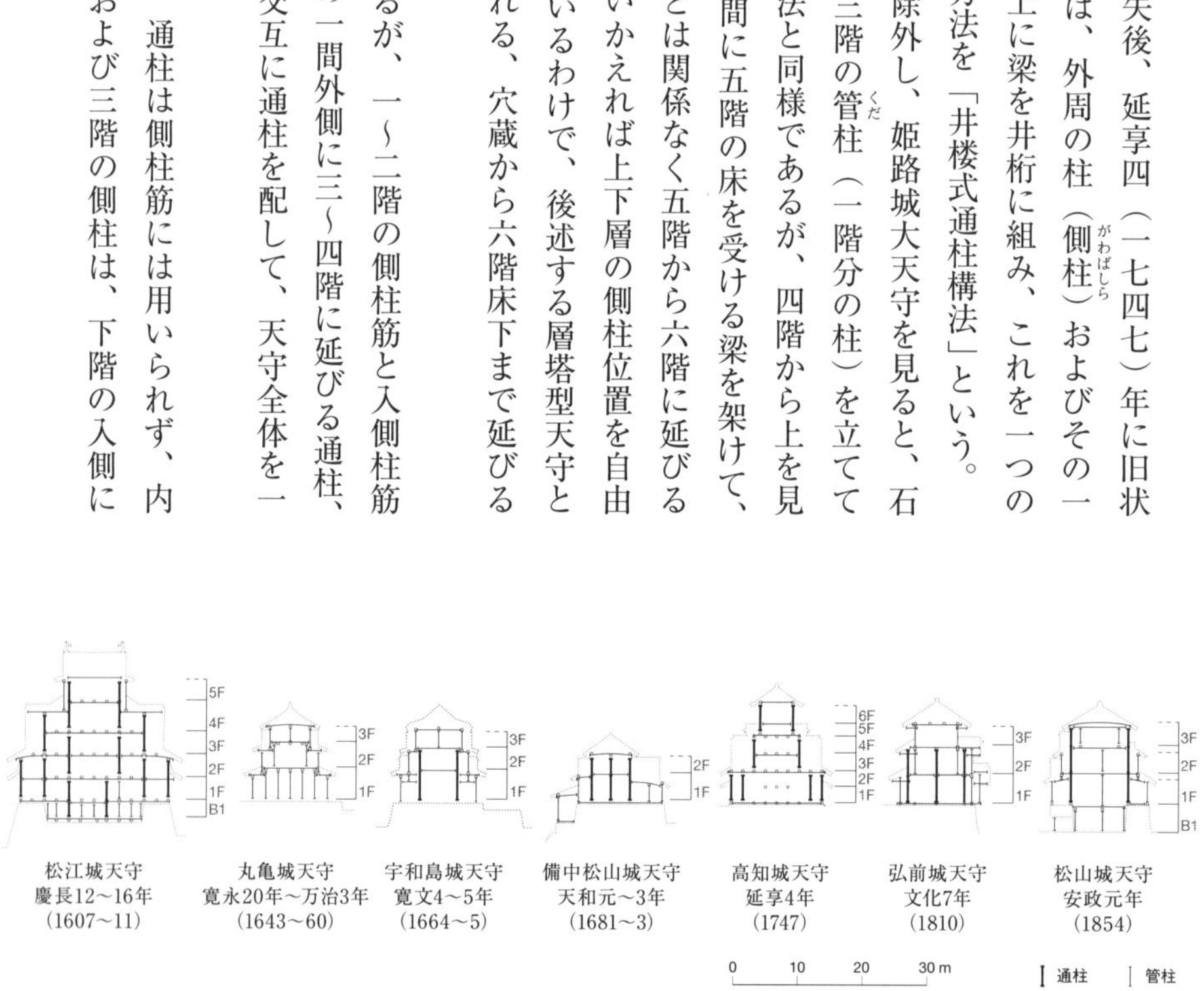

松江城天守 慶長12〜16年（1607〜11）
丸亀城天守 寛永20年〜万治3年（1643〜60）
宇和島城天守 寛文4〜5年（1664〜5）
備中松山城天守 天和元〜3年（1681〜3）
高知城天守 延享4年（1747）
弘前城天守 文化7年（1810）
松山城天守 安政元年（1854）

架けられた繋ぎ梁の上に立っている。先に姫路城大天守四・五層目で述べたのと同様、各階の側柱位置を自由にして外観をバランスよく逓減させる層塔型天守の架構方法である。

ここで彦根城天守にもどると、特に梁間断面によくその特徴が表れているが、通柱を用いていないばかりか、層塔型天守と同様に、二階および三階の側柱は、下階の入側に架けられた繋ぎ梁の上に立っており、丸亀城天守とほとんど同じ架構形式である。

なお、望楼型天守は、下層の大きな入母屋造の屋根の上に、望楼状の建物がのるので、外観の特徴として、中ほどに大きな入母屋造屋根の妻面があらわれ、また内部においては、この入母屋屋根の中にも高さ調整のための床が設けられ、外観の層数より内部の階数のほうが一階増えるという特徴がある。そして、下図のとおり、松本城大天守では、一階から三階までと、四階以上では階高が大きく異なり、犬山城天守では他の階に比べて二階の階高が大きく、逆に三階の階高は小さくなっている。このように望楼型では層階不一致で、かつ各階の高さが不均等であるのに対して、層塔型では層階一致でかつ階高が均等になっている。

彦根城・松本城・犬山城の特質

一　彦根城

彦根城は、琵琶湖東岸の彦根山を城域とし、湖水を利用した内堀を備える平山城である。築城の経緯は第三章に記されているとおりであるが、築城以降、井伊家代々の居城である。延宝五

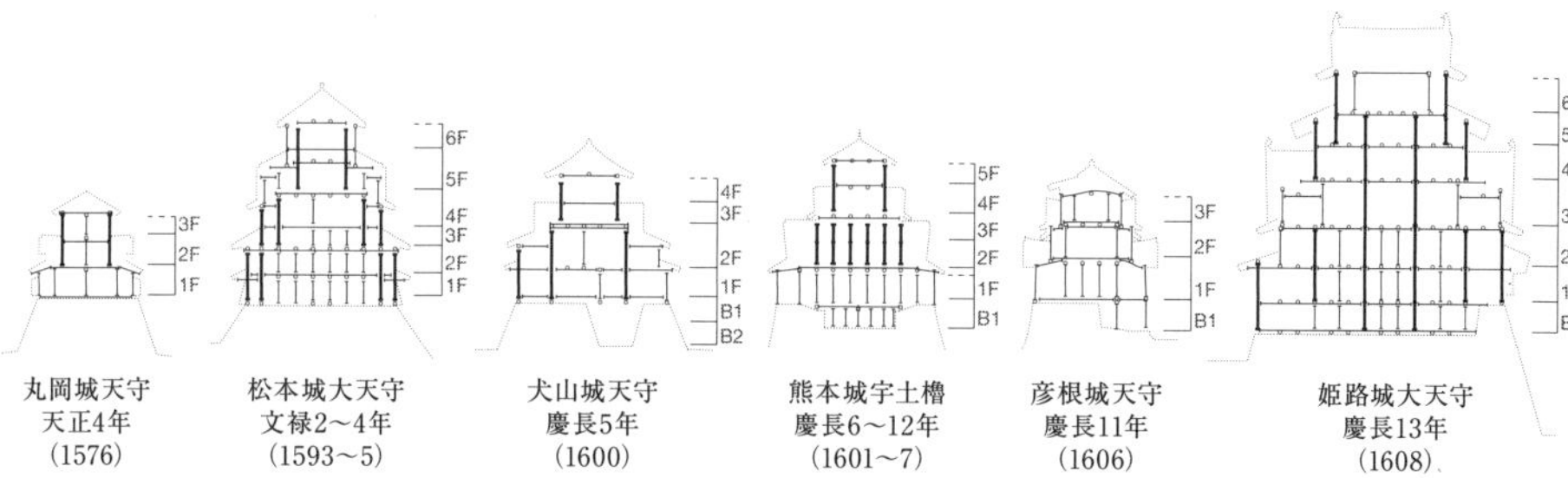

天守架構模式図一覧

（一六七七）年に城の北麓に玄宮楽々園を設け、明和八（一七七一）年に二の丸佐和口多聞櫓を建てたほか、天守は、宝永元（一七〇四）年に半解体に近い大修理、寛政八（一七九六）年、天保一二（一八四一）年、嘉永四（一八五一）年、万延元（一八五一）年、文久二（一八六二）年に部分修理が行われ、明治維新にいたっている。

明治維新後は陸軍省の所管となり、城中の建物の一部は撤去されたが、明治一一（一八七八）年の明治天皇北陸東海巡行の際、彦根城を保存する旨のご沙汰があり、以後の破却を免れた。昭和二六年に城域全体が史跡（同三一年に特別史跡）、天守等六棟が重要文化財に指定され、さらに翌二七年に天守・附櫓および多聞櫓が国宝に指定された。

彦根山は、南東から西北に細長く延びる丘陵で、北は琵琶湖の内湖に面した湿地帯であるが、南側に平地が広がり、ここに城下町が形成された。城内の縄張は、「連郭式」で、山頂の不整形な本丸を中心に、南東に太鼓丸を挟んで鐘の丸を設け、南側に大手口を設けた。本丸の西方には西の丸と出曲輪を設け、その北西山裾に観音台を配し、さらにその西方には湖水に突出して、山崎曲輪を設けた。そして万一の敵の侵入に際しては、本丸とその前後の太鼓丸・西の丸の中枢部を最後の拠点とすべく、太鼓丸と鐘の丸の間、および西の丸と出曲輪の間に深い堀切《ほりきり》を設け、平時は廊下橋で連絡する。また、山麓の鐘の丸北方の平地には御殿があった。そしてこれらを囲んで、琵琶湖から直接水を引く内堀がめぐらされ、その外側の西・南・東側には二の丸がある。二の丸には藩士の屋敷を配し、三の丸には、侍屋敷・町屋・寺院などが配置された。

天守は、「野面積み」の一種で、胴長の石の小口面を表面にあらわした「牛蒡《ごぼう》積み」石垣の上に建つ。外観は三層で、外壁は総塗込大壁造（一・三層目表面腰に下見板張墨塗）、一層目入母

彦根城全景（平山城）　撮影：麓 和善

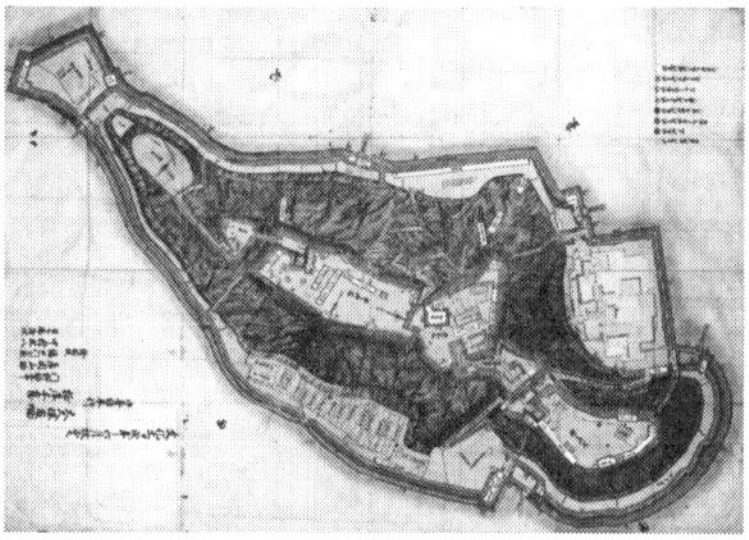

彦根城「御城内御絵図」
文化11（1814）年　彦根城博物館蔵

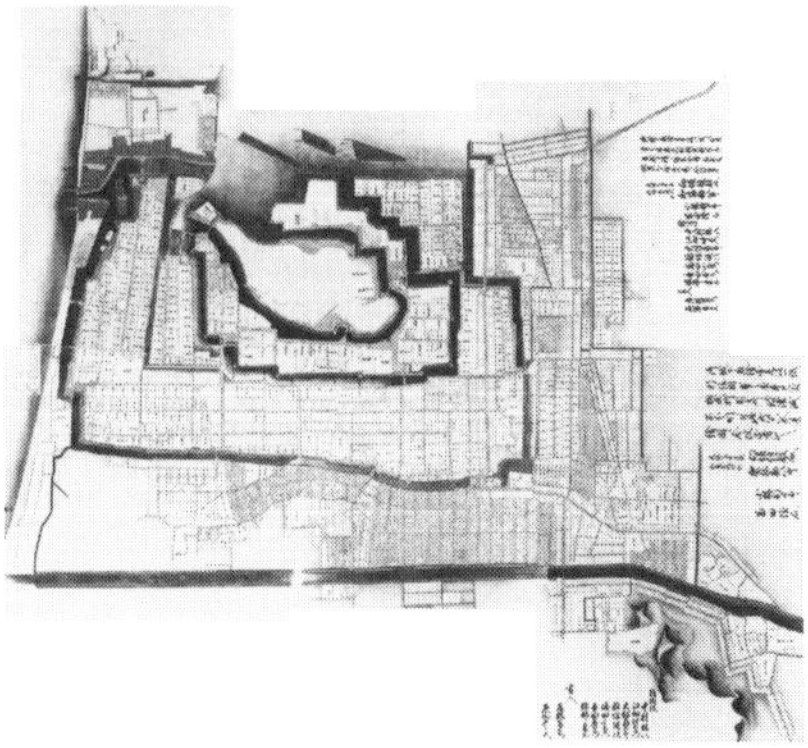

「彦根御城下惣絵図」
天保7（1836）年　彦根城博物館蔵

彦根城堀切と廊下橋　撮影：麓 和善

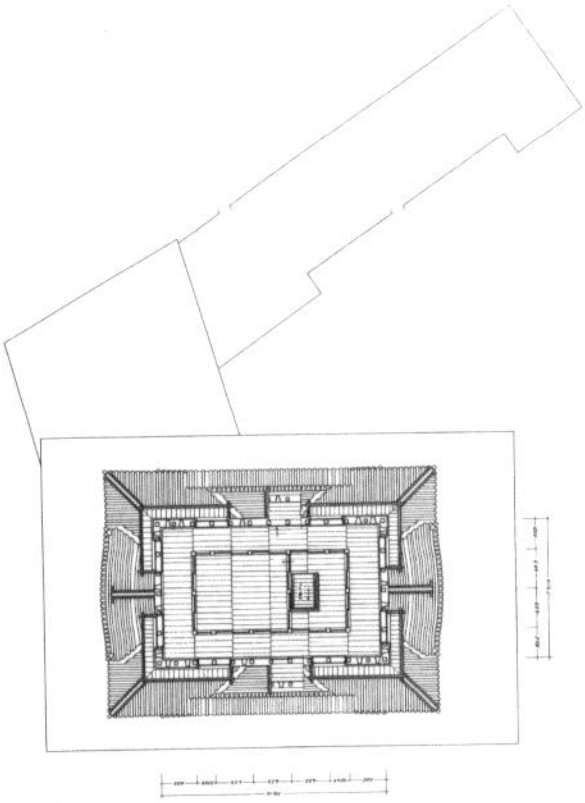

三階

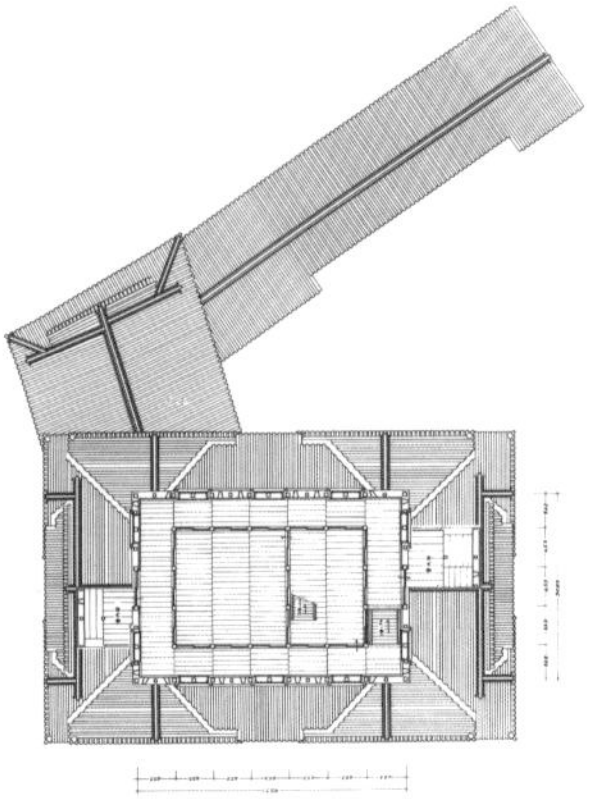

二階

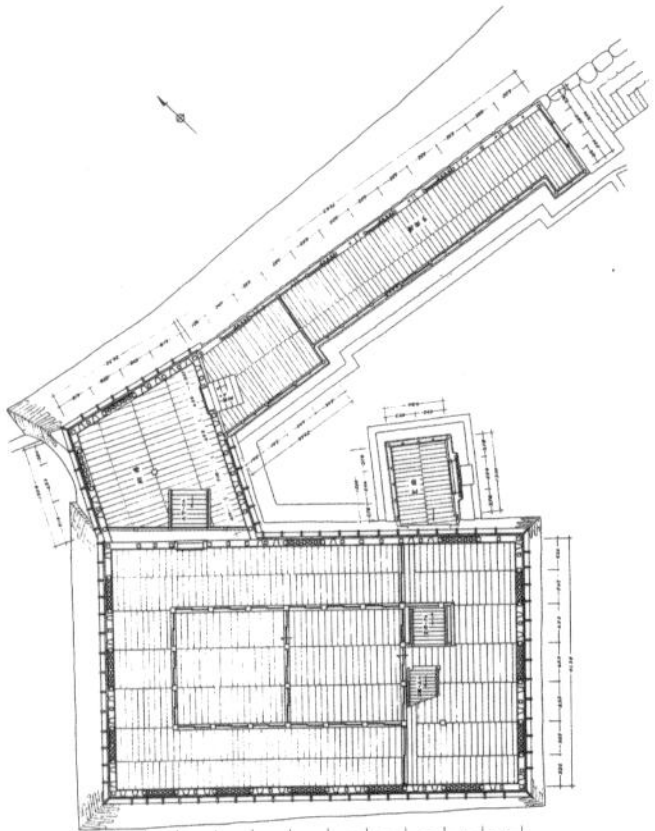

一階

彦根城天守平面図

彦根城天守　撮影：麓 和善

彦根城天守　牛蒡積み石垣　撮影：麓 和善

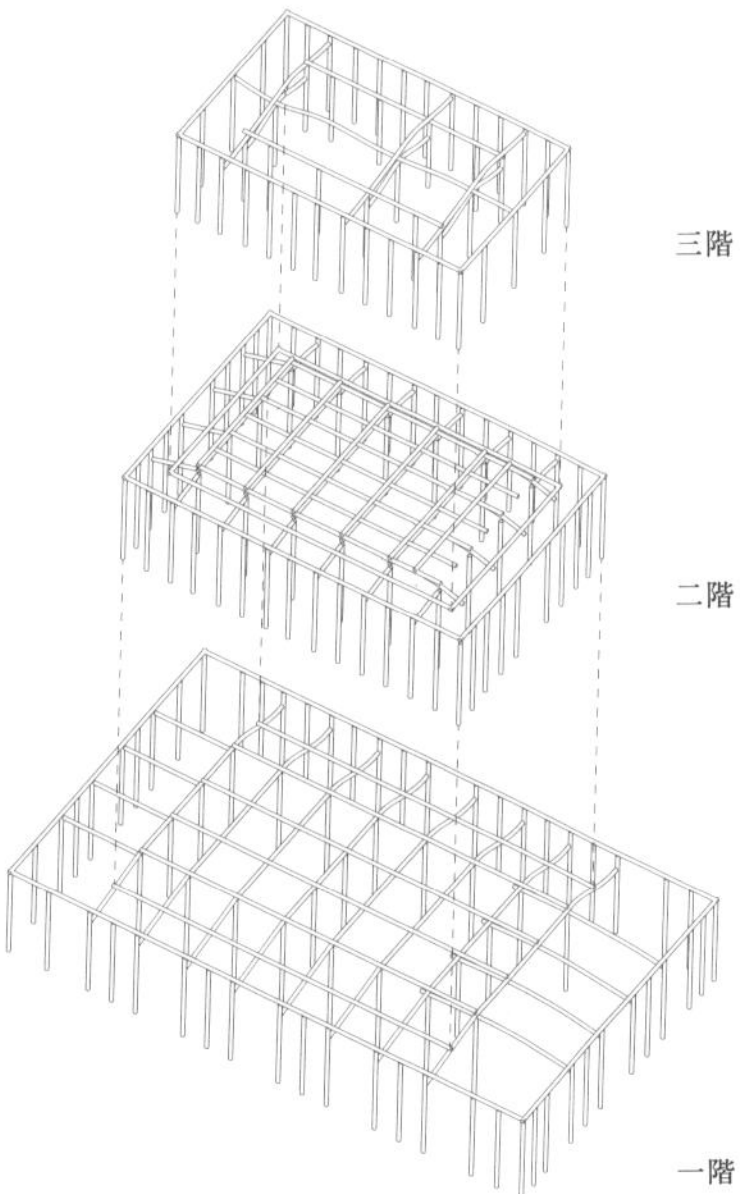

彦根城天守架構図

屋造の大屋根の上に二・三層目がのった「後期望楼型」で、三層目には高欄付の廻縁が付く。各層には千鳥破風や唐破風を配し、花頭窓や飾金具を用いて、天守の中でもとりわけ華麗な意匠である。

一層目北面東寄りの石垣部分に切妻造屋根の玄関が付き、その西側に石垣を一段低くして台形平面の付櫓が張出し、さらにこの東側に多聞櫓が続く。この玄関および附櫓は斜めに張り出すが、天守本体の平面は各階とも矩形である。内部は石垣部分に玄関に続く穴蔵（地階）があり、石垣より上が三階で、外観の層数と内部の階数が一致している。

天守の架構形式は、通柱を全く用いず、各階とも柱上部に規則正しく一間四方に梁を井桁に組み、その上に上階の柱を立てている。このように通柱を用いないことで各階の柱位置を自由

彦根城天秤櫓　撮影：麓 和善

彦根城馬屋　撮影：麓 和善

玄宮楽々園　撮影：麓 和善

にし、外観の各層をほぼ一定の割合で逓減させている点は、平面が矩形であること、層階が一致していることと合わせて、層塔型へと発展する先駆的構造といえる。また、一階の柱が内転びになっている点も珍しい。

天守は、『井伊年譜』により、大工棟梁浜野喜兵衛の手により大津城天守を移し、格好良く仕直したものと考えられていたが、昭和三二年から行われた解体修理の結果、旧五層天守の材料を転用して現在の天守が造られたことが明らかとなり、さらに三層目隅木には「此角木仕候者御与頭□川与衛門 花押／慶長拾壱年六月二日／江州犬上郡彦根御城下於大工町／喜兵衛花押／惣次郎花押」の墨書も発見され、『井伊年譜』の記載内容に対する信憑性が高くなった。

天守、附櫓および多聞櫓が国宝であるほか、太鼓門および続櫓、天秤櫓、西の丸三重櫓および続櫓、二の丸佐和口多聞櫓、馬屋が重要文化財、さらに城内が特別史跡、藩主の下屋敷である玄宮楽々園が名勝に指定されており、近世城郭の中でも江戸期の状態が最もよく残っている。

二　松本城

筑摩・安曇両平野のほぼ中央に位置する松本の地は、古来「深志」と呼ばれていた。かつて国府がおかれたところでもあって、「信府」の号もあり、「中信」一帯の政治・経済を掌握できる位置にある。

この地に最初に要塞を構えたのは小笠原氏で、本拠である林城の平城砦がおかれたことに始まるが、松本城の歴史と明治維新後の保存修理、国宝指定までの経緯は第三章に詳しく述べる。

松本城の本丸は、南北約一六〇メートル×東西約一九〇メートルとほぼ矩形で、その北を除く三方に二の丸を配し、そしてその外周に、北・東・西は狭く南に広い三の丸で囲繞した「梯＋環郭式」縄張で、さらにその北・東・南の三方に城下町が形成された。本丸西南隅に雄大にそびえる天守は、「後期望楼型」外観五層・内部六階で、東に辰巳櫓・月見櫓を付し、これらの関係は「梯立式」であるが、北に乾小天守を連立しているので、「梯＋連立式」ということになる。
平城においては、そのシンボルとして、平山城とは比較にならないほど天守の高層化が重要課題となるが、その構造的な問題を処理するために、地業（基礎工事）と建築工法にいろいろな工夫が窺える。松本城の場合、有機物の多い河川堆積層の上に構築されているため、天守台は、東北面において割栗地業*を施し、また堀と接する西南面には、堀に筏地業*という技法を先駆的に用いている。さらに天守台石垣は、東西九間×南北八間、内側にくぼんだ糸巻型で、かつ

割栗地業（わりぐりじぎょう）
小塊状の石材を小端立てに並べ、さらにその隙間を砂利で埋めて突き固めること。

筏地業（いかだじぎょう）
丸太や角材を筏状に組んで地盤の補強とする基礎工事。

松本城天守・辰巳櫓・月見櫓（梯立式天守）
撮影：麓 和善

松本城天守・乾小天守（連立式天守）
撮影：麓 和善

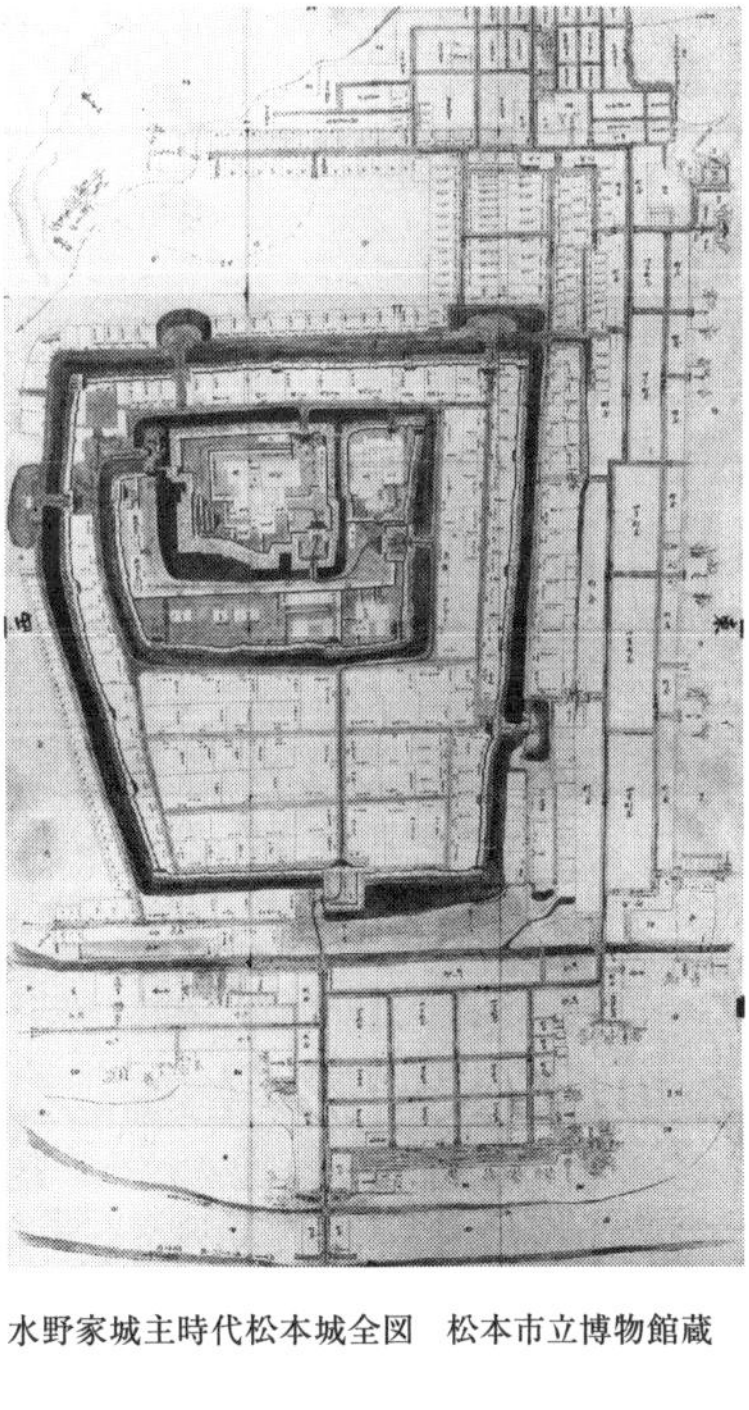

水野家城主時代松本城全図　松本市立博物館蔵

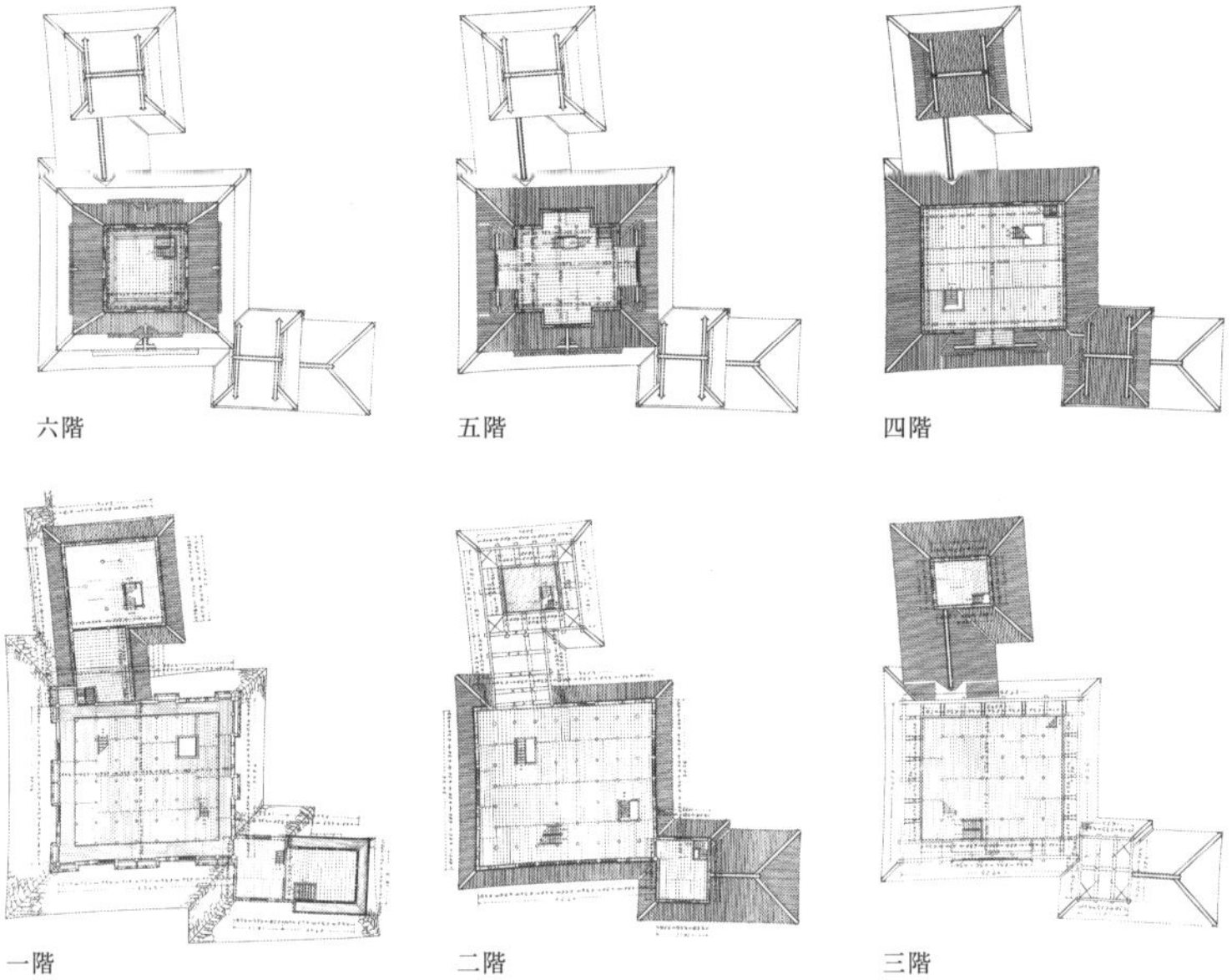

松本城平面図　出典：『国宝松本城』1966年、松本市教育委員会

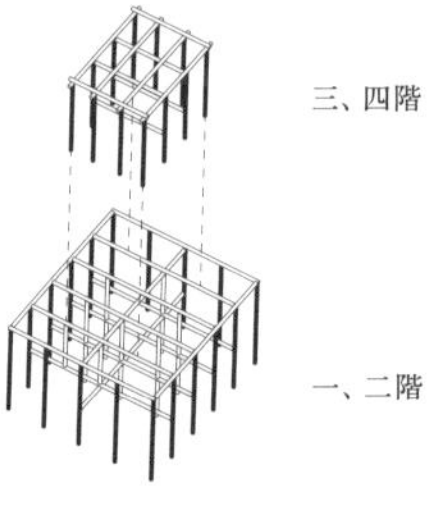

松本城乾小天守架構図

松本城天守　軒見上げ　撮影：麓 和善

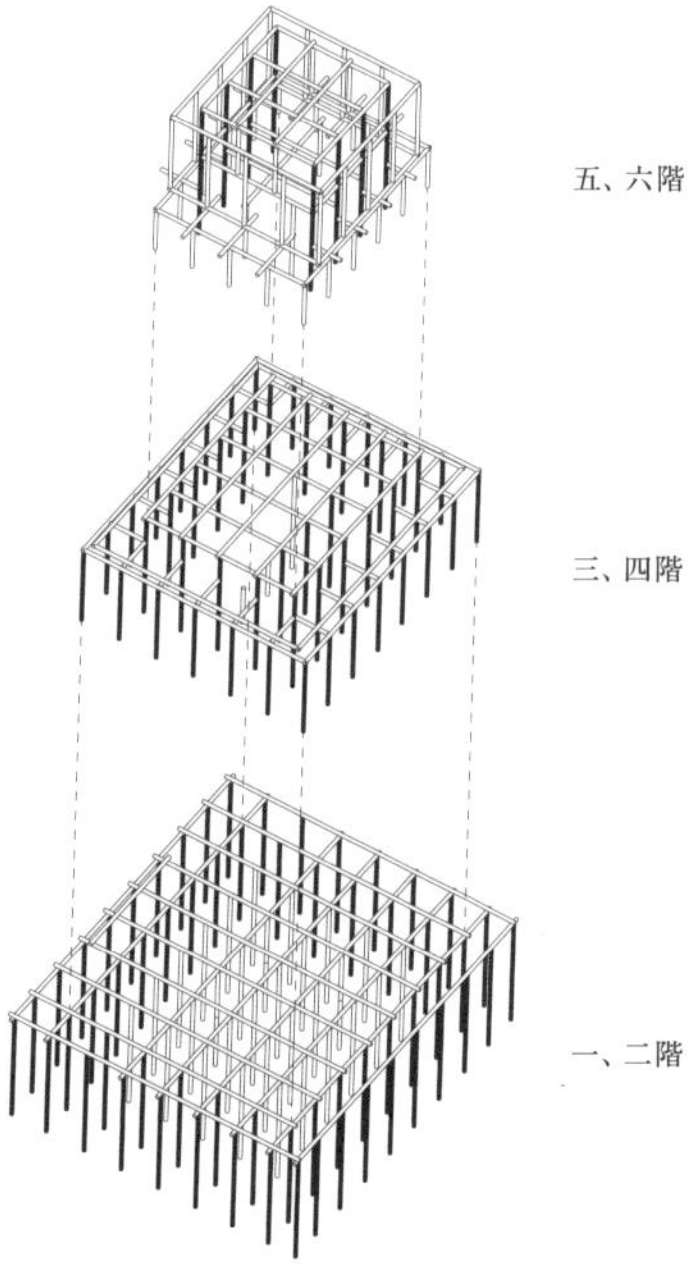

松本城天守架構図

上端部平面は菱形となっており、天守本体もそれに合わせて三階までは菱形となっている。

天守の架構形式は、一・二階、三・四階、五・六階、それぞれ二階ずつの構造ユニットを三段重ねたもので、一・二階は四周の側柱と入側柱を通柱、三・四階は四周の側柱と入側柱に加えて北面のみさらにその一間内側を通柱、五・六階は南北面の入側柱を通柱とし、いずれも柱上部にほぼ正確に一間四方に梁を井桁に組んでいる。典型的な「井楼式通柱構法」である。

前記のとおり、平面が菱形であるので、この影響を受けて、各層の寄棟屋根は隅木を振れ隅*にせざるを得ず、天守の各階平面の逓減率が一定していないこともあって、屋根の設計法は、総体として稚拙である。このことは、松本城が前期望楼型天守にみられる下層の大入母屋を改め、やがて層塔型天守で特徴的となる寄棟形式の屋根を先駆的に採用したゆえの未熟さとみることができる。

振れ隅（ふれすみ）隅が四五度以外の角度で取り合うこと。

三　犬山城

犬山城は、木曽川南岸の丘陵地に建つ平山城で、荻生徂徠がその景勝から李白の詩「早く白帝城を発す」にちなんで「白帝城」とたたえ、以来これが別称となった。

文明年間（一四七〇頃）、尾張の守護斯波《しば》氏の重臣織田広近は、現在地の東南約一キロの平地に木下城を築城するが、織田信康の代にこれを廃城とし、現在地に移城したのが、犬山城と考えられる。創建当初の郭の縄張は不詳であるが、たび重なる城主交代を経て元和四年（一六一八）に尾張徳川家の重臣成瀬正成が城主になって以後は、絵図によって明らかである。正保四（一六四七）年の『犬山城絵図』（徳川林政史研究所蔵）によると、天守の南に「本丸」

犬山城下復元模型（部分）　犬山文化史料館蔵　撮影：麓 和善

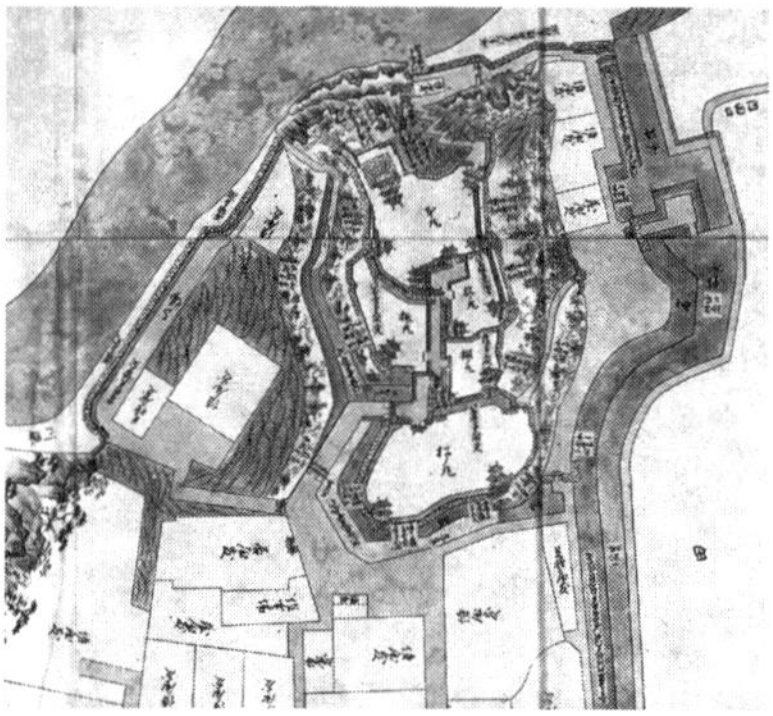

「尾張国犬山城絵図」犬山城白亭文庫蔵

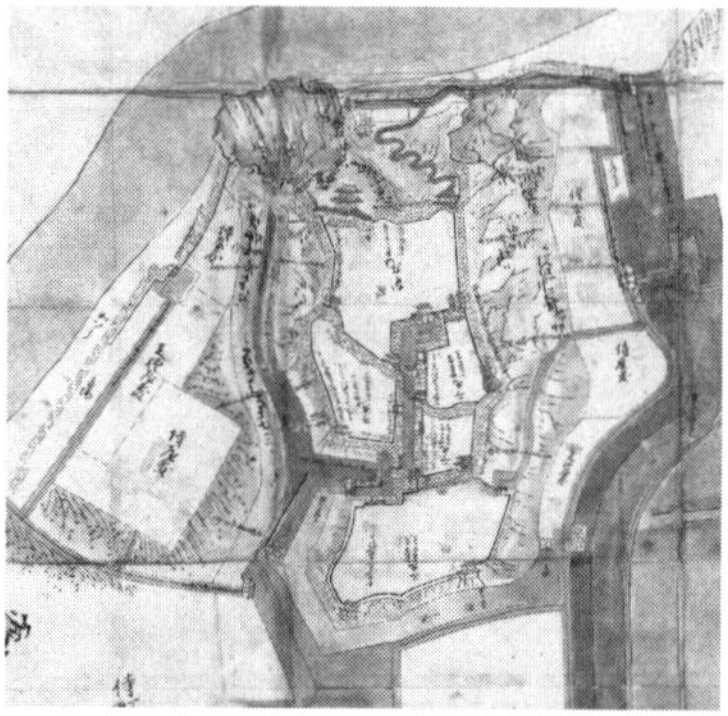

「犬山城絵図」（部分）
正保4（1647）年　徳川林政史研究所蔵

が広がり、その南方の「二ノ丸」は、大手道を挟んで東に二ヵ所、西に一ヵ所、地形に合わせて小郭に分かれ、その南に「三ノ丸」が広がる「梯郭式」縄張で、さらにその南側に城下町が広がり、総構が設けられている。

数種の絵図を比較すると、郭の縄張は変らないが、各郭の名称には変化が認められる。すなわち、寛文五（一六六五）年の『犬山御城破損所之絵図』（犬山城白亭文庫蔵）では、旧二の丸北東の小郭が「杉ノ丸」、その南の小郭が「桐ノ丸」、旧三の丸が「松ノ丸」となっており、さらに天和元（一六八一）年の『尾張国犬山城絵図』（犬山城白亭文庫蔵）では、杉の丸・桐の丸の西方の小郭を「樅ノ丸」と称し、幕末にいたるまでこの名称が用いられている。

天守の様式は、荒い割石を素朴に積んだ「野面積み」石垣の上に建ち、外観は三層で、一・二層外壁は総塗込大壁造（一層目表面腰に下見板張墨塗）、入母屋造の大屋根の上に南北面三間東西面四間の真壁造の望楼がのった「前期望楼型」で、望楼の下南北面には唐破風が付き、一層目東南隅と北西隅に付櫓を備えている【三二頁写真】。内部は石垣部分に二階の穴蔵（地階）があり、石垣より上が四階となっている。石垣より上の外観が三層で内部が四階となっているのは、二層目の大入母屋の小屋組内にも床（三階）を設けているためで、望楼型天守の特徴の一つである。石垣上一階は、東側外壁が石垣に合わせて南に開いた不等辺四角形平面で、これも前期望楼型天守の特徴の一つである。

天守の架構形式は、後述するとおり、一・二階と三・四階の建設時期が異なるので、当然ともいえるが、それぞれ二階ずつの構造ユニットを二段重ねたものである。一・二階は、一階が斜めで二階を矩形に修正している東面を除くと、三方の側柱が通柱で、その一間内側の入側柱は大屋根内部まで延びた側柱より長い通柱となっている。三・四階は四周の側柱をすべて通柱としている。そして、一・二階と三・四階いずれもその上部にほぼ一間四方に梁を井桁に組んでいる。典型的な「井楼式通柱構法」である。

なお、一階南西隅の部屋は、床が一段高く張られて「上段の間」と呼ばれ、床・棚・納戸構えを備えた書院造の室内構成となっている。これも従来、古式を伝える点として注目されていたが、昭和の解体修理の結果、江戸時代（文化頃）の改造と考えられるようになった。

以上のとおり、犬山城天守は、前期望楼型天守の特徴を随所に備えた、近世城郭史上注目すべき建築である。かつては慶長四（一五九九）年、石川光吉が、美濃金山城天守を移建したと伝えられてきたが、昭和三六～四〇年に行われた解体修理の結果、移建の痕跡は確認されず、まず外観二層の大入母屋屋根までが最初に建設され、その上に三層目望楼が後から付加され、さらにその後、南北面の唐破風が付加されると同時に大屋根が改修され、三層周囲に高欄が廻らされたことが明らかとなった。

このような築城および増改築の時期を明記した史料はないが、建築様式および文献史料をもとに、現在次の二つの説がある。すなわち、一・二層は織田信康によって天文六（一五三七）年頃に建設され、その上にのる三層目望楼は小笠原吉次による慶長五年（一六〇〇）の増築、南北面の唐破風は成瀬正成による元和六（一六二〇）年頃の付加とする説と、一・二層は小笠原吉次による慶長六年の着工、三層目は成瀬正成による元和六年頃の増築、南北面の唐破風は二代城主正虎の付加と見る新説である。

大規模二重櫓としての創建はほかに例がないので謎の部分が多いが、慶長期の創建とすると、

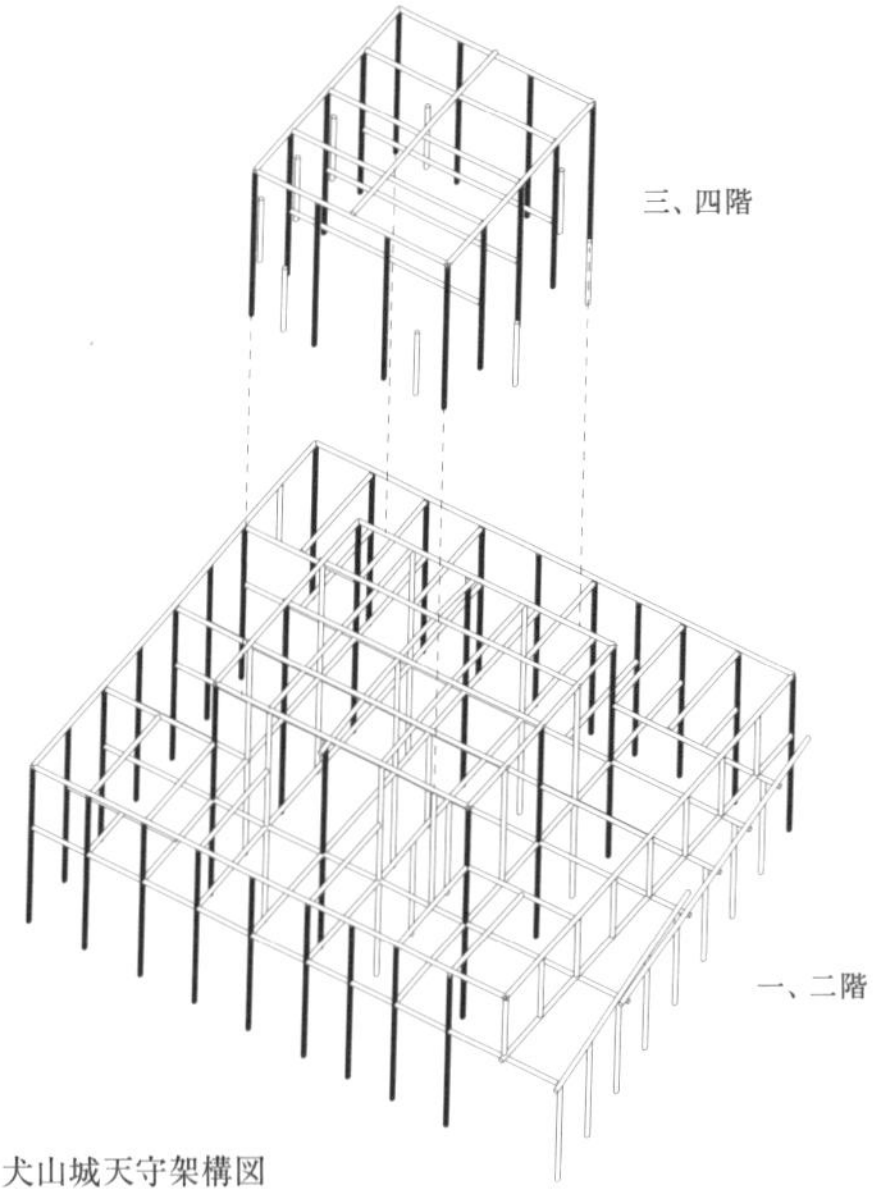

犬山城天守架構図

犬山城天守1階上段の間　撮影：麓 和善

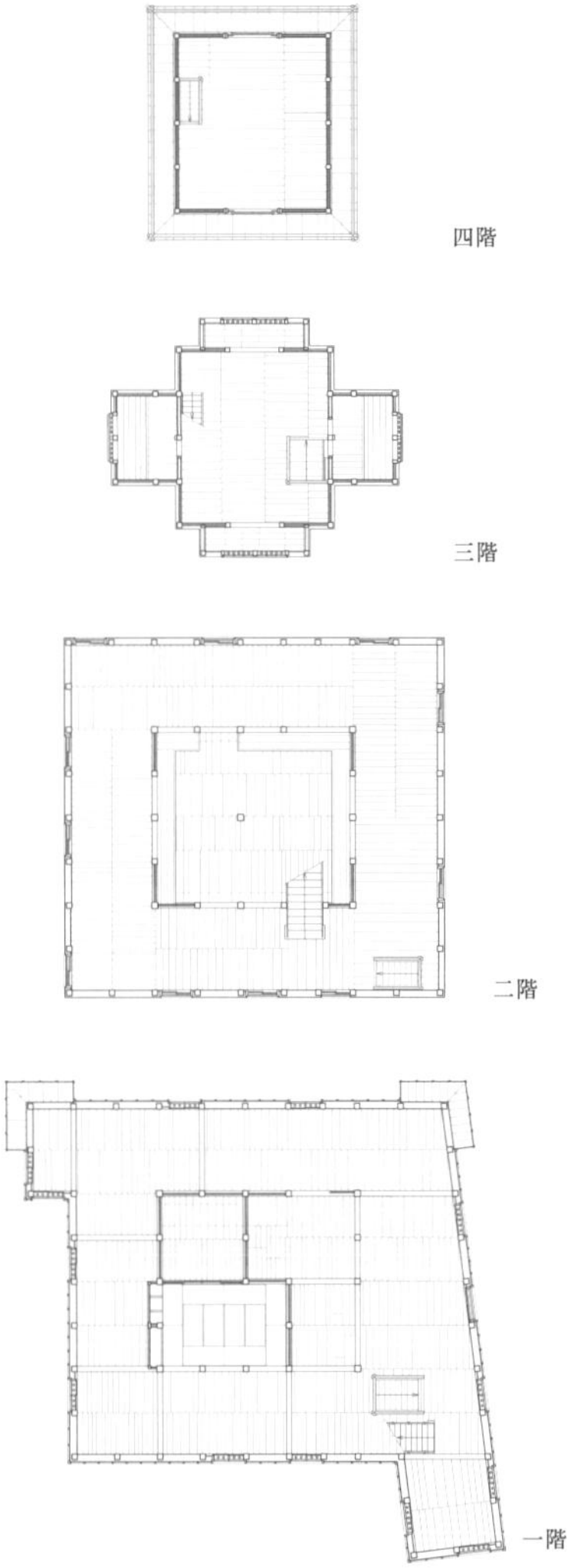

犬山城天守平面図
作成：公益財団法人文化財建造物保存技術協会
（2010年）

関ヶ原の戦い後の、盛んに大規模天守を伴う城郭が造営されていた時期に、大規模二重櫓として建てる必然性を理解しにくいし、さらに三層目望楼部分が一国一城令以降の増築というのも、当時の幕府に対する諸藩の配慮からして、考え難いのではなかろうか。

むすび

わが国の城の歴史を概観することによって、中世までの軍事を中心とした山城から、近世の都市（城下町）と政治（藩政）の中枢としての平山城あるいは平城への変遷過程を看取することができるが、その中でも近世城郭における天守成立の意義は、藩政ひいては藩主の権力と城下町の繁栄の両面を象徴的に表している点にあるといえよう。そしてその濫觴はやはり安土城天守で、以後わずか約六〇年間に様式的にも技術的にも発達し、その極みとして徳川幕府による名古屋城天守および江戸城天守のような巨大天守の成立をみるわけである。ところが徳川政権が確立すると、天守の象徴性は重視されなくなる。元和の一国一城令以降に、わずかに新造された天守が、それ以前とは対照的に小規模で簡略化されたものとなっているのは、その象徴性が形骸化した結果といえる。さらには江戸城が明暦三（一六五七）年の振袖火事でほとんどの建物を焼失した後、殿舎はすぐに再建されたものの、天守はついに再建されなかったことは、幕府そのものが天守の象徴性をもはや必要としなくなったからにほかならない。

このような天守の変遷過程の中で、彦根城天守は、意匠的には後期望楼型でありながらも、架構技術的には層塔型の技術を先駆的に備えており、これまで注目されていたその華麗な意匠性のみならず、架構技術も改めて注目する必要があろう。

松本城天守は、平城における大規模な後期望楼型天守として知られているが、外観意匠は大入母屋屋根をやめて各層寄棟屋根を用いるという層塔型への先駆性を備えながらも、その架構技術をみると、二階分を一つの構造ユニットとして、これを三段重ねた典型的な望楼型の架構方法を用いており、同じく後期望楼型天守である彦根城天守と逆の特徴を持っているといえる。

犬山城天守は、まず外観二層の大入母屋屋根までが最初に建設され、その上に三層目望楼が後から付加されたという独特の経緯があり、大規模二重櫓としての創建そのものが不可解であるが、意匠的にも架構技術的にも前期望楼型の特徴をよく備えていることは間違いない。

本稿では詳述しなかった姫路城天守に、彦根城天守・松本城天守・犬山城天守を加えた国宝四城の天守は、わが国の城郭史上における到達点を迎えた時期に造営されたもので、その変遷過程における重要な特徴をそれぞれが備えており、世界遺産としての価値を有しているといえる。

参考文献
内藤昌編著『城の日本史』日本放送出版協会、一九七九年
滋賀県教育委員会編『国宝彦根城天守・附櫓及び多聞櫓修理工事報告書』一九六〇年
松本市教育委員会編『国宝松本城』一九六六年
国宝犬山城天守修理委員会編『国宝犬山城天守修理工事報告書』一九六五年
麓和善「犬山城天守」『朝日週刊百科　日本の国宝』朝日新聞社、一九九八年

日本の城　廃城令から世界遺産まで

五十嵐敬喜

はじめに

城は多くの日本人に好まれている。これまで寺や寺院、教会といった宗教施設あるいは古墳、銀山など多くの世界遺産を見てきたが、なんといってもファンが多いという点では城が断然トップであろう。しかし、日本の歴代の世界遺産（候補）の中で城ほど数奇な運命をたどったものも数少ないのではないか。にもかかわらず、それ故にというべきか、なぜファンが多いのか改めて考えてみることも意義ないことではない。

日本で明治維新がおこり近代国家が成立してから約一三〇年、二〇〇〇年に日本では初めて奈良の法隆寺と並んで姫路城が世界遺産に登録された。これだけを見れば何事もないが、実は明治維新から六年後の一八七四年に、城は維新政府によって廃城、つまり取り壊しと決定されていた、ということを覚えておきたい。この廃城令によってほとんどの城は消えていったが、それにもかかわらずいくつかの城は奇跡的にこの試練を潜り抜け、廃城とは正反対の世界遺産、つまり「永久保存」に転換されたのである。

現在、城が存続してきた地域では城は町一番の観光地となり、城跡も役所、裁判所などの公的で重要な施設や公園など市民に親しまれる場所となっている。今回新たに三つの城（彦根城、犬山城、松本城その他いくつか追加されるかもしれない）が姫路城に追加して世界遺産に名乗りを上げることになり、改めて城の歴史を振り返っておくことは、登録を推進するだけでなく、ファンにもファンに値する正当的でより広い客観的な根拠を与えることになるのではないか。本稿はこのような観点から、城の歴史、特に世界遺産の維持管理の推移を中心に考えてみる。

一　城の歴史

城は、中世、一三世紀にその原型を表したといわれているが隆盛したのは足利将軍を巻き込んで東西の諸侯が相争い、京都を戦火で焼き尽くした応仁の乱（一四六七年）以降である。「乱」以降、中央の権力は衰え、権力を支えてきた荘園制が崩れ始めるとともに、地方の豪族たちが自立を志し、富の蓄積を図り、簡単な土塁や堀などによる城を築き始めた。その数二万五〇〇〇以上という。そして、その後の群雄割拠の戦国時代を経て、天守を持った豪壮な城（近世城郭）が出現するようになったのは、全国統一を図った織田信長の安土城（本能寺の変以降この城は焼失）以降であり、豊臣秀吉の大坂城（戦後復元）を経て徳川家康の江戸城（明暦の大火により焼失）によって完成形に達したという。これ以降、日本では戦争はなくなり、城は徳川政権の監視下のもと、各藩の政治的・経済的拠点、すなわち平和の砦として、二〇〇年有余存続するようになった。明治維新当時存在していた城はおよそ二〇〇であるが、明治維新によって城は大打撃を受ける。このような城の歴史を徳川時代、明治初期、そして文化財保護法の制定された戦後の三つに分けてその特質を見ていきたい。

江戸時代

徳川家康が関ヶ原の戦いに勝利し、江戸に幕府をつくったのは一六〇三年である。家康はこの地に五層の天守からなる日本最大の城をつくろうとし、二代将軍秀忠がこれを受け継ぎ工事［註1］を始めるとともに、一六一一年、武家の秩序をつくるべく武家諸法度を発布［註2］した。この中では「新規の城郭構営は固くこれを禁ズ」（「一国一城令」といわれる）とされ、江戸幕府の威光を全国に知らせるとともに、一国一城に限定することによって、一方では幕府に対する反乱を抑え、他方では諸法度の範囲内で各藩に今でいう自治を認めた。各藩はこの範囲内で、城を拠点にし、政治・経済の運営を行い、やがて城の周りに武士、職人、町民が、そしてさらにその周辺に農民や漁民が住む城下町をつくっていくようになったのである。

明治時代

ところがこの平和に突如異変がおこり、薩長連合は一八六八年江戸幕府を倒し新たに近代政権を樹立した。この過程でいくつか城にかかわる論点を挙げておきたい。まず何と言っても強調しなければならないのは、当時の「御一新」に象徴されるような、「旧物」(歴史的・伝統的なもの。神仏分離令、廃仏毀釈なども参考になる)はすべて廃棄されなければならないという風潮であり、城は旧物のシンボルとみなされた点である。周知のように、薩長連合軍は会津若松で猛烈な抵抗をうけ、さらに戦争は函館五稜郭に移行し、激戦が続けられた。この終結によってようやく維新は成就したといってもよいのであるが、この視点からいえば、城は放置すればいつまた反乱軍の拠点となるかもしれない。したがって早いうちに破壊しておかなければならず、まず物理的に排除の対象となった。しかし、さらに圧倒的な力を持ったのは、もちろん、江戸時代と明治時代の「統治構造」の根本的転換といってよい。

一つは「藩」の消滅の問題である。先に見たように、城は江戸時代の政治的拠点であった。維新政府は、明治二(一八六九)年、二七四名の大名からの藩籍奉還を受け、行い、次いで明治四(一八七一)年には、近代国家を形成するための廃藩置県すなわち、近代国家の行政機構として府と県を中心にする新たな統治機構を構築した。これは単に、地域の名称を変えたということではなく、特定の藩主がその領地・所領を支配するという、平安時代以来続いてきた分権的なシステムを破壊し、国が単一的に国土全体を支配する近代国家の基礎を築くもので、「明治維新における最大の改革」ともいうべき衝撃的なものであった。したがって藩の拠点であった城が不要になるのは論理的には必然である。

もう一つは近代軍隊の創出にかかわる。城は江戸時代、往時の軍事的拠点から政治・経済の拠点に変わったとはいえ、その中枢は武士集団に握られていた。この武士集団はいつまた軍事的な力に変質してもおかしくないが、これらはあくまで国内の戦いを想定したものであった。ところが維新政権が遭遇したのは、国内の問題だけでなく、ペリー来航に始まる諸外国の圧倒的な軍事力に国全体としていかに対応するかということであった。そのためには、藩ごとの軍事力を排して近代的で統一的なナショナル軍隊をつくらなければならない。こうして明治四年に新たに創設されたのが日本陸軍の「鎮台」であり、日本最初で最大の近代軍事編成単位である（のちに徴兵制などを経て「師団」へと改組されていく）。こうした統治機構の大転換は、藩から県へという政治的な改革だけでなく、城という国内的でバラバラな軍事拠点を一挙に中央集権的な軍隊に編成替する軍事改革でもあり、これによって城が不要になったと理解すべきである。こうして打ち出された一連の改革の最終形が、いわゆる「廃城令」であった。

こうして城は、原則廃城の運命となる。明治維新でもっとも指導的な役割を果たしてきた長州藩は、他の藩に率先して藩主の命であった城の天守を取り壊したという。しかし、厳密に言えばすべてが取り壊されたわけではなく、一部城が存続したところ、城跡に先の鎮台等が置かれたところ、大蔵省による払下げ処分によって解体されたところ、城は残ったが地震・火事などの災害により消滅したところ、第二次大戦の空襲によって損傷されたところなど様々であった。このような試練の中で生き延びた（補修や再建された城もある）のが現在の一二の城である。

少し感傷的ではあるが、無残な状態にある城の光景について、もっとも日本人の感覚で表現したのが明治三四（一九〇一）年の「荒城の月」（作詞土井晩翠・作曲滝廉太郎）ではないか。

春高楼の花の宴、巡る盃影さして
千代の松が枝　分け出し、昔の光今いずこ
秋陣営の霜の色　鳴きゆく雁の数見せて
植うる剣に照り沿ひし、昔の光今いずこ

戦後文化財保護法の時代

一九四五年日本の敗戦により、日本には新たに「民主主義」や「人権」などとともに「文化」がもたらされた。これは天皇「神」から国民「主権」へと大転換をもたらしたが、この転換の中で「城」も「旧物」ではなく「文化」であるとされた。昭和二五年に制定された文化財保護法は「文化財を保護し、且つ、その活用を図り、もって国民文化の文化的向上に資するとともに、世界文化のシンポに貢献する」ことを目的としたもので、戦後文化の基本法となった。ここでは内容を十分に紹介する紙幅がないので、「城」に限定していくつかコメントしておきたい。

文化財保護法は、政府提案ではなく「議員立法」として制定されたことを想起したい。そのきっかけとなったのが一九四九年の法隆寺金堂の炎上である。逆説的に言えば法隆寺金堂を失うことによって、日本人は日本の歴史的・伝統的な文物は、日本国のアイデンティティあるいは国民の誇りを示すものとしてかけがいのないものだという国民的合意を獲得したであろう。

この法律では、城はもちろん「建造物＝わが国にとって歴史上又は芸術上価値の高いもの（これらのものと一体をなしてその価値を形成している土地）」として、また城跡は「貝塚、古墳、都城跡、城跡、旧宅その他遺跡でわが国にとって歴史上又は学術上価値が高いもの。庭園、橋梁、峡谷、海浜、山岳その他の名勝地でわが国にとって芸術上又は鑑賞上価値の高いもの」として保存すべき文化財とされたことはいうまでもない。

次いで、この法律は戦後改革によって一挙に文化財に関する基本法となったのであるが、同時にそれは戦前からの改革の流れを引き継ぐものであったことも忘れてはならない。おそらく最も早く文化財という観念が示されたのは、上に見た廃城令の直後に出された一八七四年の「陵墓、古墳発見の節届出」（太政官達）ではないか。天皇を「錦の御旗」として担ぎ出し、のちの明治憲法によって「神」となった「天皇の出自とその歴史」にもかかわる「陵墓」が、城とは正反対のポジションすなわち絶対保存という位置を占めた事実は大変興味深いことである。ここでは、旧物は必ずしも廃棄ではないという観念が示されている。なお、ここで保存の対象として取り上げられた古墳（天皇陵以外は必ずしも保存の対象ではなく多くは放置された）も今後世界遺産に登録されようとしていることは、城と並んで「文化の価値転換の歴史」を示す貴重な例として記憶にとどめられ、さらに検証されなければならない大きな課題である。

さてこれ以降、一八八四年の九鬼隆一、岡倉天心らの美術品調査が行われ文化財保護の機運が盛り上がるとともに、城についても廃城一辺倒から少しずつ保護への道筋が開かれるようになってきた。維新政府は、先の廃城令に続いて、明治二三（一八九〇）年存城処分で陸軍所用地としたが不要となった城郭について「旧城主は祖先以来数百年間伝来の縁故により、これを払い渡し旧形を保存し、後世に伝えるなら歴史上の沿革を示す一端となり好都合である」ことを理由に、元藩主や地方公共団体に対して公売によらずに相当な対価をもって払い下げることを認めたのである。これは、先の旧物は敵という思想に対して、少なくとも「歴史上の沿革を示す」とし一定の価値を認めた評価すべきものであろう。

そしてこれらの動きや日清戦争による民意の高まりを受けて制定されたのが、明治三〇年の「古社寺保存法」であり、これがわが国の文化財保護制度の原型といわれるようになった。さらに明治三七（一九〇四）年の日露戦争の勝利により、いくらか余裕の出てきた政府及び国民は、ようやく文化財の保護（ただしいつも後追いで、反射的・付随的な対応ではあった）に乗り出すようになる。これが、大正八（一九一九）年の史跡名勝天然記念物保存法と昭和四（一九二九）年の国宝保存法（古社寺保存法は廃止）であり、これらの法律によって、廃城とされた城や城跡も「国宝」や「史跡」と認定され、戦後文化財保護法に引き継がれていくようになった。ちなみに、当時国保に指定されたのは、旧大名家が所蔵する宝物、放置されていた旧幕藩体制の城郭建築物等建造物八四五、宝物三九二二（絵画八一〇、書籍四八五、工芸三九三、刀剣三五〇）であったといわれる。

二　それぞれの城と世界遺産

城の復権

国内的保存の努力もむなしく、第二次大戦は城郭をはじめとする多くの建造物を奪い取った。明治期より軍隊（鎮台）の駐屯地とされていた城郭が米軍の攻撃の対象となったからである。

しかし、文化財保護法（一九五〇）により、城は再び息を吹き返す。残存する城郭建築物のうち未指定のものは優先的に文化財保護法による重要文化財に指定され、解体修理が行われた。そして、城が保存される環境が整うと、城を観光の名所にするために、各地で模擬天守が流行した。名古屋城など二三城で天守が復活される。現在史跡に指定されている城跡地は九一城あり、観光地として天守や文化財が復元された城は八七城ある。天守がそのまま残っているのは、前に見た通り一二城である。なお、城を市民と結びつけて見ると、現在人口一〇万人以上の都市の半分が城下町を起源としており、四七の県庁所在地のうち三〇が旧城下町となっている。城（城跡を含めて）はそれ自体として保存される、というだけでなく、城の範囲を超えて外に広がり始めたことを強調しておきたい。戦後文化財保護法による城の保存を第一期とすれば、城下町としての外への広がりをここでは第二期ととらえておきたい。

このようにして、城は廃城令から徐々に復権をはじめ、再デビューした。なんといっても驚かせられたのは、姫路城が一九九三年奈良の法隆寺とともに、日本の文化を象徴する世界遺産に登録されたことである。これは文化財保護法による保護を発展させたいわば究極の飛翔である。姫路城は国内だけでなく世界上の保護の対象となったからである。そして、この流れを補強すべく、姫路城に引き続き、彦根城、犬山城、松本城の三城（これにいくつかプラスされるかもしれない）がシリアス・ノミネーションとして、世界遺産への登録を目指すことも検討されている。先の城の歴史との関係でいえば、廃城令と世界遺産、破壊と永遠の保持、過去の旧弊を示す残骸と未来の文化を示す象徴など、まるで天と地が引っくり返るような形で現出するようになったのである（左表）。

1 姫路城

1346年 築城
1601年 天守
1609年 池田輝政により天守が完成
1871年 廃城

建物の一部が取り壊され、陸軍施設が設置されたが、天守などの主要な建造物は現存。
明治の払下げ23円50銭。解体費用が莫大で権利放棄。陸軍省による保存修理。昭和30年は天守以外、それ以降に天守。特別史跡、国宝8棟、重要文化財74棟

評価基準
基準1
人間の創造的才能をあらわす傑作である。
「姫路城が作られた17世紀初頭は、将軍や大名が統治する日本の封建制の時代であった。大名たちは、自らの権力を誇示するために大規模な城郭を競って築いたが、姫路城は現存する最大の城郭建築であり、その壮麗な意匠は、その時代の特質をよく表している」

基準4
歴史上の重要な段階を物語る建築物、その集合体、科学技術の集合体、あるいは景観を代表する顕著な見本
「姫路城の建造物群のデザインは、木造の構造体の外側を土壁で覆い白漆喰で仕上げた単純な外観素材を用いつつ、一方で配置や屋根の重ね方では複雑な外観形態をしており、独特の工夫をしたものである。シラサギ城の別称が示すように、その美的完成度は、我が国の木造建築の中でも最高の位置にあり、世界的に見ても他にないすぐれたものといえる。
美しい。連立した天守、構成と均衡、白漆の壁、木造建築物の中で美的完成度が高い。天守、櫓、門、石垣が400年も保存。歴史上の重要な段階を物語る建築物とその集合体あるいは景観を代表する顕著な見本」

2 彦根城

1604～22年 井伊直継・直孝 築城
1606年 天守建造
1874年 廃城令

1878年 明治政府の特例により城郭の土地と建物が保存され、特別史跡、国宝2棟・重要文化財5棟となる

3 犬山城

1469年 織田広近 築城
1601年 天守建造
1871年 廃城処分

大蔵省の普通財産。陣屋などの建造物が壊され、自治体などに学校の用地として払い下げられた。国宝1棟

4 松本城

1593年 築城 石川数正 石川康長
1593/97年 大天守
1727年 本丸御殿焼失
1871年 廃城
1872年 競売 地元有力者
1876年 県庁（二の丸御殿）焼失、その後裁判所へ（1878年）

史跡 国宝5棟、12の現存天守のうち、唯一の平城

城と城下町

世界遺産の論理でいうと、城はもちろん世界遺産の中核を構成する本質的な遺産であるが、それと同時にその維持管理にあたって、バッファゾーン*の重要性が急速に強調されるようなってきた。人類の宝は「戦争」によってだけではなく、地震、津波、火災などの災害によって、国や自治体さらにはコミュニティなどの保持義務違反によって、あるいは地域住民の貧困などによる盗掘など、さらには現代病とでもいうべき周辺の開発によって破壊されうることが顕著になってきたからである。こうしてバッファゾーンの設定は、破壊への対処として構成資産に肩を並べる本質的なものとなった。バッファゾーンは、城でいえば天守だけでなく、城郭内の石垣や堀、さらには城郭の外の城下町がそれにあたる。しかし城下町イコールバッファゾーンといっても、直ちにはそれを保護すべしという積極的理由は出てこない。城下町は城下町として保護すべき特別な価値があり、それゆえ城と一体となって保存すべき理由がある、と考えなければならないのである。それでは日本の城下町はどのような特質を持っているのか。

「日本の大部分の都市は、その前身が近世封建大名が住んでいた城下町であるから、都市の中央かその一角に城趾を持っている。このようなことは西洋にはあまりないことで、珍しい現象である。城を中心として発展してきた都市と同じように、近世の日本文化全体も城を中心にして発達してきた」。これは、『その美と構成』(保育社・一九六四年)で城について考察した藤岡通夫の感慨である。

周知のように、世界各国の大半は、城郭に囲まれた中に城と町が存在する。それに対し、日本では堺や地内町のように堀と土塁で囲まれた都市は早くから存在していたものの、初期の城

バッファゾーン
保護地域外からの影響を緩和するための緩衝地域・地区。

下町では領主の居城のみが塀と城壁に囲まれ、町自体は城壁には囲まれていなかった。これは西洋都市と日本都市を比較する際の重要な視点である。しかし、日本でも城下町が発展すると、経済的及び政治的価値が上昇し、それに伴い城下町を戦乱から防護する必要性が生じ、そのため町を塁壁で囲む「総構え」が増加するようになり、次第に城郭都市として発展していくようになる。この城と城下町を一体化した最初の城・まちづくりが、織田信長が天下統一を狙って築城した「安土城」であり、軍事施設として城を土塁で囲った中世の城と町を一体化した近世の城の出発点である。

さて、城と城下町を考察するにあたって見落としてならないのは、職人、町民、農民、漁民といった支配される側の動向である。城は、確かに支配する側の軍事的拠点ではあったが、それは同時にいったん事あるときは、町民が避難する場所、時には武士と一体となって戦う場所であった。しかし江戸時代は戦争をしない時代であり、それがおよそユネスコ精神と最も適合的な価値を示すものとなったのではないか、というのがここでの問題提起である。端的にいえば、城は戦争から平和のシンボルに変わり、それに伴い支配される側も抑圧される対象から共存する人々となったのではないか。

三　城下町は存続できるか

城下町の維持保全

このようにして、城は今や日本だけでなく世界中でゆるぎない地位を持つようになった。おそらく今後二度と廃城令のような時期を迎えることはないだろうが、完全に永遠といえるのか。

まず気になるのは、日本の将来人口と維持保全との関係である。ここまで見てきた城の多くは、国宝・重要文化財あるいは史跡に指定されていて、その限りではユネスコの最も強調する登録後の維持保全（京都四〇周年京都大会宣言など参照）は可能であろう。しかし、姫路城の修復にあたり露呈してきた職人の不足や材料の払底（特に木材）は、維持保全の危険性も伝えている。確かに市民は城を愛し、城だけでなく城と一体となっている城下町についても関心を向けるようになってきた。しかし、これは日本全国に共通する課題であるが、なんといっても気がかりなのが人口減少と高齢化の問題である。ちなみに四城について、人口予測を見ると、下表のようになっている。

つまり、どの市も、今後かぎりなく減少する傾向にあり、今後二〇～三〇年は維持できても、それ以降は城下町を維持する力を持ち得なくなる懸念があるのである。

次に人口減と並び「私的所有」の問題を挙げておかなければならない。江戸時代、城下町は城主の支配のもと、自由な利用が制限されていた。しかし江戸時代の地租改正令以来、土地は個人の私的所有の対象となり、原則「建築自由の地」となった。

建築自由の土地では、城下町の維持という観点からいうと二つの欠点がある。一つは、道路

	2010年	2040年	減少率
姫路市	536,270人	451,169人	84.1%
彦根市	112,156人	102,940人	91.8%
松本市	243,037人	208,978人	86.0%
犬山市	75,198人	66,000人	87.8%

このうちおよそ40%が65歳以上の高齢者となる

などの建設にあたって、個人の住み着いた土地の買収などが困難となるため、都市の拡大や近代化を行うために「堀」が埋め立てられ、道路や線路あるいは高速道路などの用地として利用されるということである。そのため多くの城で堀が消失し、かつての城と城下町の一体感が喪失している。

もう一つは、堀以外の空間は建築自由の結果として、いわばなんでもありの状態となり、城の近くの超高層ビル、およそ城下町の風致と似合わない風俗営業やパチンコなどの遊技場が続出するようになって、かつての城下町、すなわち、整然と街並みが統一され、武士、職人、商業地などそれぞれの地域に合う屋根、壁、樹木などのデザインが見えなくなってきていることである。この問題は城下町の復活と再構成にとって最も困難な宿題となっているが、国はこれに対してどう対処しようとしているか。

文化財保護法

文化財保護法は先に見たように、国宝（重要文化財）あるいは史跡として城、建物、城壁、城跡など個々の資産を守るという点については相当目配りをしてきたが、周辺環境についてはほとんど無放任状態となっていた。これが最初に問題になったのは「古都保存法」である。これは、当時山林などが開発の波にもまれて消え去ろうとしているとして危機を訴えた住民の要望に応え、古都、すなわち奈良、京都、鎌倉、明日香など歴史的に重要な場所について「古都の風致、歴史的な風土」を守ろうとしたものであったが、それも周辺の自然環境の保全にとどまり、それ以上ではなかった。

伝統的建築物群保存地区

そこで次に注目されたのが、文化財保護法を改正し、「城下町、宿場町、門前町など全国各地に残る歴史的な集落・町並み」（伝統的建造物群保存地区という）自体を保存しようとしたことである。これは二つの点で文化財保護の歴史に新しい視点を付け加えたとみることができる。

一つは、伝建地区では、町全体を一定のルールの下に置き、そのルールに基づいて、国がそれぞれの建築物の維持保全あるいは改築などにあたってその費用を負担する（全部ではない）ことを決めたことである。この効果は大きく、奈良や京都だけでなく、石見銀山の大森地区が伝建地区に指定され、世界遺産登録の原動力になったのである。

もう一つの視点は、伝建地区では地区指定はもちろん、その維持管理のイニシアティブが当該資産の存在する「市町村」にあると明確にされたことであろう。ここでは従来、史跡、国宝、重要文化財など「文化（財）は国」と観念されてきた思想が修正され、その資産が存在している自治体に移される。つまり地元の市民にその責任と義務が転換され始めたのである。

景観法

その後、伝建地区で最も重視される「城下町、門前町、宿場町のデザイン」、もっとも大きく言えば「景観」が、このような歴史的地区に限られるのではなく全国的に保障されるべきだとの観点から「景観法」として発展したことも覚えておきたい。城下町でも、高さや屋根の形態などを巡って景観法（景観条例）が大いに活躍しているのである。

景観に関連してさらに、適用範囲の拡大ではなく、景観の質的転換を図るものとしての「文化的景観」についても見ておかなければならない。世界遺産では長らく構成資産を文化遺産と自然遺産に二分類する、つまり文化と自然を厳格に区分するヨーロッパの思想が優位に立ってきた。これに対して、日本をはじめとするアジア地区などは、文化と自然は対立するものではなく互いに共存しているという観点から、文化と自然の中間にあるものとしての「棚田」など、「文化的景観」のカテゴリーが採用されるようになった。日本では、石見銀山などがこの文化的景観に該当するとされて登録された。

これを受けて政府も文化財保護法を改正し、「地域における人々の生活または生業及び当該地域の風土により形成された景観地でわが国民の生活または生業の理解のため欠くことができない」（文化財保護法第二条第一項五号）ものを保存するようになった。城に関していえば、堀あるいは石垣なども、部分的には棚田と同じように「文化的景観」に入るであろう。このようにして、文化財保護法は格段に改善されたのであるが、それでもなお城下町の保存は十分とはいえない。なぜなら、文化財保護法による保護は規制が中心であり、新たに創るという観点が薄く、しかも規制などに連動する補助金なども縦割り行政となっていたからである。

町並み法

城下町は面であり、維持するだけでなく、これからもつくり続けなければならず、そのためには資金的にも総合的な配慮が必要となる。こうして制定されたのが「町並み法」（正式には「地域における歴史的風致の維持及び向上に関する法律」）である。

この法律で対象とされているのは「重要文化財、史跡。名勝、重要有形民俗文化財、重要伝統的建造物保存地区を持つ市町村」である。この法律は、①史跡や名勝、建造物や文化的景観だけにとどまらずに、②都市から農村、山林に至るまでの幅広い計画対象とする、③農地や森も農業や林業といった生産の観点だけからではなく文化の視点を導入する、④規制だけでなく、当該歴史的風致を維持向上させるために、国や自治体といった公的主体だけでなく法人あるいは地域住民を含んだ新しい組織が必要であること、⑤そこでは単に現状を維持保存するだけでなく、既存の価値を向上させる事業に取り組む、というような特色を持っている。四つの城の一つである犬山城のある犬山市の「犬山地区歴史的風致維持向上計画（平成二〇～二九年一〇年間）」では、従来の文化財保護の範囲や方法をはるかに超えた特徴が確認されている。

かくて廃城から世界遺産までの変遷は、その実態を支える多くの法律、さらにその法律を生み出していく市民・自治体あるいはそれを支える学問の発展が、土台となって下支えてきたというのが本稿の結論である。城下町の維持管理・発展も、このような総合力に依存するのであり、世界遺産とはその道筋を平和の観点から総括するものである。

第二章　座談会

五十嵐敬喜＋岩槻邦男＋西村幸夫＋麓和善＋松浦晃一郎＋矢野和之

日本の城・再発見

世界に類のない巨大建築はなぜ建てられ、残されたのか

——彦根城、松本城、犬山城の世界遺産登録に向けて

軍事施設から都市のシンボルへ

麓 日本の城を考えるにあたり、まず踏まえておきたいのは、城を軍事目的だけで捉えると、一面的な見方になってしまうということです。

中世の城は軍事施設として建造されたので、防御しやすくするために堀をつくり、そのさい掘って出た土を内側に盛り上げて土塁を築きました。そして、その内部に軍事的な物質を保管する施設や管理する人の施設をつくり、門を建てた。ただし、居住のための館は城とは別の場所にあり、居住地から離れたところ、なかでも、戦でもっとも攻められにくい山の上に、いわゆる山城*が築かれたのです。

天守や御殿をもつ近世の城は、織田信長の安土城*から始まります。安土城は山の上というよりも、周辺に平地があり、そこで人々が生活できる場所に建てられた。信長は新しい城を築く

山城
防御のために、山頂や山腹など自然の険しい地形に設けられた城。平地の居館とセットになることが多い。

とともに、城下町もつくっています。つまり、新しい都市の中心に城を置いたわけです。

安土城にも、軍事的に重要な堀も土塁も石垣もありますが、中心に築かれた天守は必ずしも軍事上もっとも重要な施設ではありません。むしろ、信長の力の大きさを目に見える形で示す、「象徴」としての意味合いが濃厚でした。大きな天守のある強大な権力をもつ領主のもとにいることが、そこに住む家臣や人々の安全であり、経済的な豊かさをもたらすものだったのです。

江戸時代になると、天守は都市のシンボルのようなものになっていきます。そのため、徳川政権が安定すると、天守は目的を失っていきます。江戸城の天守は、明暦三（一六五七）年の振袖火事*によって焼失して以降、再建されていません。江戸城ですら天守を必要としなくなり、地方の大名もそれに倣うようになります。

一方、城の中に領主が住む御殿も建てられるようになります。そして御殿は、住まいとしてだけでなく、領地の政治の中心になっていきます。江戸城で幕府が政治を行ったように、近世の城は政治の中心だったのです。

このように、城は軍事目的から、天守を中心とした象徴的な存在へ、そして御殿を中心とした政治的な機能へとその役割を変えてきました。

国家の形成と巨大構築物

矢野　安土城の天守（天主）*はそれまでにない高層の建物であり、異形の建築です。他の城が四角い土石垣上に天守を建てているのに対し、安土城は多角形の礎の上に四角形の天守を築い

安土城
織田信長が近江国蒲生郡安土（現在の滋賀県近江八幡市）に築いた城。一五七六年から築城を開始し、一五七九年に完成。信長は岐阜城からここに移り、本拠地とした。安土城は山城から平山城・平城への移行の形態を示し、その後の安土桃山時代から江戸時代初期にかけてつくられた城郭建築の手本となった。一五八二年の本能寺の変の後に城は焼失。

振袖火事（明暦の大火）
明暦三年一月一八日、本郷本妙寺から出火した火災で江戸の三大火のひとつ。三月四日まで鎮火せず、江戸城や多数の大名屋敷を含む江戸の大半を焼失。俗説からこの名前で呼ばれる。

天守と天主
城の中心部に設けられた高層建築で、安土城に造営されたのが始まりとされる。信長は「天主」と表記していた。

ています。信長の住居は一階にあり、上層階には仏教画、最上階には中国の皇帝などが描かれた。そこに信長の意図を汲み取ることができると思います。信長にとって天守は、宗教的とまではいえなくとも、精神的な何事かを投影した施設だったのでしょう。

安土城の次に大きな天守を備えたのは、秀吉の大坂城*でした。大坂城では天守に住むことはなく、別に御殿をつくり、天守と分離しています。

興味をひくのは、各地につくられた天守には厳格なヒエラルキーがあり、信長の家臣は安土城を上回る規模の天守をつくっていないし、秀吉の時代になると、大坂城天守を頂点としてスケールデザインが決まっていきます。当時もっとも有力な武将は毛利氏ですが、広島城*天守は大坂城天守よりも一回り小さい。

そして、関ヶ原の戦いで家康が勝利すると、江戸城*の天守が頂点になっていきます。江戸城天守の出現で大坂城天守は二位に転落し、さらに駿府城*天守や尾張の名古屋城*天守ができると三位以下に転落します。一方、姫路城*天守や熊本城天守は大坂城天守に匹敵する規模です。大坂城天守が、秀吉のかつての家臣と同じ規模になったことは、豊臣家がもはや一大名にすぎなくなったことを示しています。さらに、徳川家光の時代に江戸幕府が確固たる地盤を築くと、天守はほとんど意味をもたなくなっていく。こうした点からみても、天守という建物が政治性を帯びたものであることは間違いありません。

また、近世の天守のような巨大構築物は、国家の形成期に出現するという点も忘れてはなりません。例えば、奈良時代には藤原京*があり、仕上げとして東大寺*がつくられました。それ以前の初期国家の形成期には巨大な古墳が次々につくられました。

大坂城
豊臣秀吉が、石山本願寺跡に一五八三年から三年かけて築いた城。一六一五年の大坂夏の陣で焼失するが、江戸時代に再建。その後、数度の火災と修築を経て一八六八年に大部分を焼失。一九三一年に天守が復興された。

広島城
戦国時代に中国地方を平定した毛利氏の平城で、一五八九年から築城が始まり、一五九三年にはほぼ完成したとされる。一九四五年に原爆によって焼失したが、本丸を囲む石垣などは残った。一九五三年に国の史跡に指定され、一九五八年に鉄筋コンクリート造りで五層の天守が再建された。

このように、中世から近世へ移行する新しい国家の形成期に、まず出現したのが異形の建築としての安土城天守であり、その後五〇年ほどの間に急速に発達し、国内が安定するとともに衰えていく。こういう流れのなかでみると、天守は世界史のなかでもかなりユニークな建物であるといえると思います。

望楼型と層塔型

松浦　私は、彦根城、松本城、犬山城の三城は世界遺産になるべきだろうと思っていますし、さらに重要文化財の城のなかから、特徴のある城もいくつか世界遺産候補として取り上げてはどうかと思っています。そこでうかがいたいのですが、この三城は城の歴史のなかでどのように位置づけられるのでしょうか。

麓　天守の様式は、一般的に「望楼型天守」と「層塔型天守」の二つに分かれています。

「望楼型天守」とは、石垣を築いた天守台の上に大きな建物があり、その上に登ってあたかも周囲を眺めるような楼閣風の建物がのった形式をいいます。実際に登って周囲を見ていたわけではないのですが、楼閣から下の世界を睥睨《へいげい》しているような形だということです。

この形が、徐々に何層にも重なった塔のような高層建築物になっていきます。その高層建築物が、上にいくにしたがって一定の比率ですぼまって塔のようになっていく。この比率を逓減率といいますが、逓減率が一定になればなるほど均整のとれた美しい建物になるわけです。こうした天守を「層塔型天守」と呼んでいます。

江戸城
太田道灌が中世の江戸氏の居館跡に一四五七年築城。一六〇三年に徳川家康が幕府を開くと、本格的な拡張・整備が始まり、家光の代の一六三六年に完成。五層の天守と二〇基の櫓を有し、周囲一六キロの内郭をもつ日本最大の城郭となった。一六五七年の明暦の大火で天守を含む大半が焼失。

駿府城
徳川家康が天正期と慶長期の二度築城した。晩年に隠居所とした。

名古屋城
徳川家康が那古野の地に築いた城郭。一六一四年に完成し、尾張徳川家の居城となった。天守が金の鯱であるため、金城と呼ばれる。一八九一年の濃尾大地震で本丸の一部が倒壊したが、大小天守や櫓、本丸御殿などは残った。しかし、一九四五年の名古屋大空襲で、天守群と御殿が焼失。戦後の一九五九年に天守などを再建・復元。焼失した本丸御殿は、二〇二二年の竣工をめざし、復元工事が進められている。

さらに、「望楼型天守」と「層塔型天守」はそれぞれ前期と後期に分けられ、犬山城は前期望楼型天守の典型です。これが徐々に巨大化しながら何層にもなっていく発展段階で、望楼型天守の形を色濃く残しているのが姫路城、彦根城、松本城などで、これらは後期望楼型天守と呼ばれます。

なお、前期層塔型天守では戦災で焼失した名古屋城が代表的ですが、名古屋城はまだ逓減率が一定ではない。巨大な天守をもつ層塔型天守の完成形が江戸城の天守で、後期層塔型天守を代表するものです。

つまり、彦根城、松本城、犬山城、そしてすでに世界遺産になっている姫路城も含め、国宝四城はすべて望楼型天守です。

日本の城と防衛

五十嵐　一般的に、ヨーロッパでは城郭と城壁の間に市民がいて、権力はそれを守るといわれています。しかし、日本では権力者がいる城の中だけが守られ、その周辺のまちは焼き捨てられてもよいという構造になっている。この違いはどこから来ているのでしょうか。日本の領主には城下町の被支配層を守るという発想はなかったのでしょうか。

麓　日本でも惣曲輪*といって、庶民のまちの外側に堀と土塁で防衛ラインを敷くやり方がありました。近世の小田原城はその代表的な例です。

西村　安土城が非常にユニークなのは、城下に都市をつくって商人を集め、武士も集めたこと

姫路城
赤松貞範が一三四六年に築城し、羽柴（豊臣）秀吉が改築、一六〇〇年入城した池田輝政が大改造を行って現在の規模となった。近世城郭の盛時を伝える典型的な遺構で、大小四つの天守をもち、大天守は五重の屋根をめぐらせ、地下一階を含む七階にもおよぶ。白鷺城とも呼ばれる。一九九三年に世界文化遺産に登録された。

藤原京
六九四年から七一〇年の平城遷都までの一六年間、現在の橿原市にあった都。大和三山に囲まれた藤原京は、唐の都を模倣した最初の本格的な都城であった。

東大寺
聖武天皇の発願により総国分寺として創建された華厳宗の大本山。本尊は盧遮那仏（奈良の大仏）。

惣曲輪（そうくるわ）
城を中心とした城下町を囲い込んだ堀や、堀の城側に土を盛り上げて造った土居（どい）などの防御施設。惣構、総構えともいう。

です。それまでの武士は土地を所有し、それぞれが配下をもっていたのですが、その武士を集めていわばサラリーマン化した。そうやって自分たちがつくったまちですから、そこを守るという発想はあったはずです。

岩槻　それはそうでしょうが、日本の城は、例えばローマが城壁全体でまちを守ろうとしたのに比べると住民を守る意識が薄いような気がします。惣曲輪はあり、敵が攻めてきたときに一般庶民は城の中に逃げこむことはできますが、まち全体を守ろうという発想ではなかったのではないでしょうか。

矢野　第一次の防衛ラインは、河川を利用して堀の代わりにするなど、城下町の外に設定していました。第二次、第三次の防衛ラインになると、だんだんまちの中心になり、最後は城になるという発想だったと思います。

西村　例えば、岐阜城*にも惣曲輪がありましたが、平和になってまちが徐々に広がっていくと、惣曲輪は不要になり城だけになっていきます。金沢城*にも惣構が、防衛施設として建造されていた。しかし、一七世紀半ば頃からまちが拡大していくと、防衛ラインは堀の外側に出ていき、堀自体も埋め立てられて経済を中心とする都市に変わっていきます。

麓　城下町では城郭の延長でまちが考えられています。まっすぐ城に攻め込まれないように城下町の中も「鍵曲*」といって、城から直線的に道路を通さず、折れながら中心部に向かうようになっているのはその一例です。

五十嵐　都市の構造を意識して城があるのはわかりますが、城下町自体を守ろうとしてそうした構造になったというのは疑問が残ります。

岐阜城
岐阜県岐阜市の金華山（稲葉山）にあった山城。一五六七年九月、織田信長が斎藤氏の居城を占領し整備拡張した。関ヶ原の戦い後に廃城となる。

金沢城
織田信長の武将佐久間盛政が加賀一向一揆の拠点を一五八〇年に攻め落とし、そこに築城した。その後、前田利家が入城し、一八七一年まで前田氏の居城となった。江戸時代初期には天守があったが焼失し、その後は再建されなかった。城下町には、慶長四（一五九九）年につくられた「内惣構」と慶長一五（一六一〇）年に建造された「外惣構」が二重にめぐっていた。

鍵曲（かいまがり）
敵の侵入を防ぐために左右を高い土塀で囲み、鍵手形（直角）に曲げた見通しの悪い道。

西村　ヨーロッパや中国では戦争に負けると、住民が奴隷になったり虐殺されたりしますが、日本の場合、武士同士は殺し合っても、住んでいる庶民までも奴隷にしたり殺すという歴史がないので、それほど切実に守らなくてもよかったのかもしれません。

矢野　領地と領地の境に住んでいる人たちは、その時どきに仕える領主を変えたりしています。裏切るわけではなく、両方の領主に税金を払ったりしている。自分たちが生き延びるためにうまくやっているというのが、中世では当たり前だったということを専門家から聞いたことがあります。その意味では農民と武士は、もっとも両者は中世にはそれほど明確に分化していませんが、ヨーロッパなどとは違うのだろうと思います。

岩槻　城というとすぐに軍事目的として考えるという話がありましたが、ヨーロッパや中国では城は都市すべてを防衛するのに対し、日本では政治の中枢を守る建物としてつくられています。日本の城を攻めて勝っても、政治を改革しようという反乱軍にとっては何の役にも立たなかったのではないでしょうか。むしろ権力者側がそこを守るという構造物であった。その意味では、軍事目的だとしても城はあくまでも「専守防衛」というところにも特徴があると思います。

世界に類のないユニークな建築

松浦　姫路城は世界に誇るべき世界遺産ですが、同時に現在登録の準備を進めている三つの国宝、彦根城、松本城、犬山城も世界遺産の価値は明らかだと思います。中世から近世にかけての大型木造建築物という意味でも他国に例がなく、日本固有のものです。日本の寺によく似た

松浦晃一郎

寺は中国にもありますが、日本の城に似た建造物はどこにもありません。姫路城にしても、四〇〇年前にあれだけのものをつくったのは大変なことです。しかもそれが今日まで残っているわけですから。世界中のどこにもないものです。

西村　なかでも天守建築は非常に特殊です。ある種の政治的な象徴であり、しかも建造されたのが、わずか五〇年という短い期間でした。日本が幕藩体制へと移行する時期、国の仕組みが変わっていく時代の一つの象徴だったと思います。天守は国を守るためのものでしたから、国が安定すると不要になった。こうした建築物の類型は世界中で他にはありません。非常にユニークです。

たんにまれな建築物というだけでなく、日本が中世から近世に移行したことの象徴であり、それが連続的に存在しているところに意味があるわけです。天守がたんにまちの政治的な表象ではなく、日本のなかの統治システムにおけるバランスにおいて、それぞれの規模が決まっていった。天守には国全体の統治の大きな構図が表現されているというのも、非常におもしろいと思います。

五十嵐　今回の登録申請では、姫路城との違いを強調するべきなのか、それとも同質性をより強調すべきなのでしょうか。

松浦　間違いなく後者です。違いを強調するということは単独での登録になりますが、それだけの違いがあるとは思えません。

西村　私もそう思います。

西村幸夫

松江城を世界遺産候補に

五十嵐　すると、一二の城（国宝四城、重要文化財八城）のなかから何を基準に区別すべきでしょうか。どの城を入れるかという判断はどうなりますか。

松浦　そのためにまずお尋ねしたいのは、四城が国宝で、他の八城が国宝ではなく重要文化財になった理由はなんですか。

岩槻　とくに松江城*が国宝でない理由が気になります。

麓　それはおそらく誰にも答えられません。文化庁も明言できないのではないかと思います。天守の国宝は、そもそも一九二九年に施行された国宝保存法*によって指定されています。城の国宝第一号は一九三〇年に指定された名古屋城で、その後、姫路城や二条城*が指定され、一九三五年くらいまでに他の城も国宝に指定されました。松江城は一九三五年に国宝に指定されましたが、彦根城は国宝から漏れています。

　これらの旧国宝のうち、名古屋城・広島城・岡山城などが戦災焼失しましたが、戦後になって、一九五〇年の文化財保護法*の施行にともない、現存一一城は国宝と重要文化財*に指定されました。そのとき国宝のまま指定されたのが姫路城、松本城、犬山城の三つで、彦根城は翌五一年に新たに重要文化財、五二年に国宝となりました。一方で、松江城は国宝から漏れて重要文化財となるのですが、その理由は定かではありません。

矢野　彦根城の場合は、当時の所有者であった井伊家が国宝になるのを断ったという話がありますね。

松江城
堀尾氏により一六一一年に完成。幕府の山陰側の拠点として一六三八年に松平直政が信州松本から入封して以来、明治維新まで松平氏が居城した。四重五階地下一階の天守を中心とした近世城郭で、明治維新後有志の奔走によって守られた天守のみを残し解体された。現存する天守で五階以上をもつのは、姫路城、松本城、松江城だけである。

国宝保存法
古社寺保存法（一八九七年六月一〇日）を引き継ぎ制定され、一九五〇年八月二九日に、文化財保護法施行に伴い廃止。古社寺保存法では、古社寺の建造物及び宝物類を「特別保護建造物」または「国宝」に指定したが、国宝保存法では、古社寺の所有でなくても「国宝」の指定対象になった。また、古社寺保存法時代の「特別保護建造物」は「国宝」と称された。文化財保護法施行に伴い、国宝保存法時代の「国宝」は、「重要文化財」に指定されることになった。

西村　地方の城は明治初年に兵部省（のち陸軍省）の所轄となりますが、のち約八割が廃城となり、大蔵省を経て民間に払い下げられたので、所有者が国宝登録を拒否したということはありえます。

麓　犬山城も個人所有でしたが、拒否しなかったので国宝になっています。

矢野　大きな天守で国宝に漏れているのは松江城で、小さな天守でありながら入っているのが犬山城です。それは当時の学説で、犬山城がもっとも古い天守とされていたからだと思われます。ただ、松江城が漏れた理由はよくわかりません。

松浦　そうすると、思い切って国宝三城に加えて松江城も世界遺産候補にするという考え方もありますね。

クライテリアとシリアル・ノミネーション

五十嵐　クライテリア*では何番が適用されますか。

西村　ある特定の建築類型であるということからすると（ⅳ）だと思います。

松浦　姫路城が（ⅰ）で「顕著な普遍的な価値がある」と認定されているのですから、他の三城も同じように認定されてしかるべきといえます。ただし、同じカテゴリーに属するものは、シリアル・ノミネーション*［註1］とすることになっていますから、ここをどう考えるかという問題があります。

実は、「同じカテゴリーに属するもの」の定義に関してはいろいろな議論があって、例えば、

二条城
徳川家康が、一六〇三年に京都の警衛、並びに上洛時の宿所のために築城。二度の火災で天守と本丸を焼失したが、二の丸御殿に桃山時代の書院造りの形態を伝えている。一九九四年に「古都京都の文化財」の一つとして世界文化遺産に登録された。

文化財保護法
国宝保存法、重要美術品等の保存に関する法律、史跡名勝天然記念物保存法などを統合し、一九五〇年制定。文化財は、有形文化財、無形文化財、民俗文化財、記念物に分けられた。

国宝と重要文化財
一九五〇年制定の文化財保護法により、有形文化財のなかで重要とするものを「重要文化財」、「重要文化財」のうち、とくに文化史的価値の高い建築物・美術工芸品・古文書などを「国宝」として、文部科学大臣が指定し、国によって保護・管理される。

ヨーロッパでは似たような教会をそれぞれ単独で世界遺産に登録しています。もしもシリアル・ノミネーションを厳密に適用するならば、単独で登録ができるかどうか難しいところです。しかし、最近は登録条件が厳しくなってきており、同じカテゴリーに属する場合はグループ化する、あるいはシリアル・ノミネーションにするという方向になっていますから、城の場合もそれに同調するしかないと私は思います。

シリアル・ノミネーションとしては（iii）と（iv）だと思いますが、問題は（i）をどうするか。（i）は「人間の創造的な才能を表す傑作である」ということですから非常に重要な基準です。三城にも（i）を入れるのか、姫路城だけは（i）を入れたままで、新しい三つの城は（i）を入れないほうがよいのか。それだけの差が姫路城と他の城にはあるのか。姫路城が「人間の創造的な才能を表す傑作である」ならば、彦根城も松本城も犬山城も「人間の創造的な才能を表す傑作である」という意見が出ると思います。

一方で、「人間の創造的な才能を表す傑作」があまりたくさんあるのもおかしい、ある程度限定されるべきものだという考え方もあります。

また、不可解なのは、なぜ姫路城に（iii）が入っていないのかということです。（iii）は、日本の歴史のうえで非常にユニークな、あるいは無二の存在を示しており、姫路城は中世から近世にかけての非常にユニークなものです。唯一ではなくいくつかあるわけですが、（iii）は十分に満たしたはずです。登録には評価基準の一つが認められればいいので欲張る必要はないという判断だったのかもしれませんが、今考えると（iii）も入れておくべきでした。

西村　そこは、どういうストーリーをつくるかによるのだと思います。ある限定された時代の

クライテリア
登録基準。世界遺産リストに登録されるためには、「世界遺産条約履行のための作業指針」で示されている登録基準のいずれか一つ以上に合致するとともに、真実性（オーセンティシティ）や完全性（インテグリティ）の条件を満たし、締約国の国内法によって、適切な保護管理体制がとられていることが必要となる。

シリアル・ノミネーション
同じ歴史、文化群のまとまりとして関連づけ、全体で顕著な普遍的価値を有するものとして世界遺産に推薦すること。

↓［註1］

(i)	人間の創造的才能を表す傑作である。
(ii)	建築、科学技術、記念碑、都市計画、景観設計の発展に重要な影響を与えた、ある期間にわたる価値観の交流又はある文化圏内での価値観の交流を示すものである。
(iii)	現存するか消滅しているかにかかわらず、ある文化的伝統又は文明の存在を伝承する物証として無二の存在(少なくとも希有な存在)である。
(iv)	歴史上の重要な段階を物語る建築物、その集合体、科学技術の集合体、あるいは景観を代表する顕著な見本である。
(v)	あるひとつの文化(または複数の文化)を特徴づけるような伝統的居住形態若しくは陸上・海上の土地利用形態を代表する顕著な見本である。又は、人類と環境とのふれあいを代表する顕著な見本である(特に不可逆的な変化によりその存続が危ぶまれているもの)。
(vi)	顕著な普遍的価値を有する出来事(行事)、生きた伝統、思想、信仰、芸術的作品、あるいは文学的作品と直接又は実質的関連がある(この基準は他の基準とあわせて用いられることが望ましい)。
(vii)	最上級の自然現象、又は、類まれな自然美・美的価値を有する地域を包含する。
(viii)	生命進化の記録や、地形形成における重要な進行中の地質学的過程、あるいは重要な地形学的又は自然地理学的特徴といった、地球の歴史の主要な段階を代表する顕著な見本である。
(ix)	陸上・淡水域・沿岸・海洋の生態系や動植物群集の進化、発展において、重要な進行中の生態学的過程又は生物学的過程を代表する顕著な見本である。
(x)	学術上又は保全上顕著な普遍的価値を有する絶滅のおそれのある種の生息地など、生物多様性の生息域内保全にとって最も重要な自然の生息地を包含する。

世界遺産の評価基準

珍しい物証であり、建築類型であるということであれば、(iii)と(iv)が中心になると思います。

矢野　天守の多様な機能や国家形成期の象徴という点を考えるならば、(iii)は入ってしかるべきではないでしょうか。

五十嵐　軍事的な目的から政治的な目的に変化していく機能の違いは、(i)や(iii)や(iv)とどういった位置づけになるか。あるいは、機能の移り変わりが形に大きな変化を与えるのでしょうか。例えば軍事的な要素が強い城から、政治的な要素が強い城に移行することで天守の形が変わり、機能が変わる。それを連続的に概観すると、ある意味がみえてくるというストーリーは成り立つでしょうか。

松浦　(iii)に関していえば、天守は権力を象徴する形として立派なものが建造されたという、そのものが非常にユニークな特徴であるということで十分だと思います。その必要性がなくなると自然につくられなくなってきたわけですから。

問題はやはり(i)で、姫路城に入っている(i)を他の城では入れないというのもおかしなことです。

他の国の例では、ロシアの最初の世界遺産は一九九〇年に登録されたサンクトペテルブルク［註2］の歴史地域と歴史建造物群で、サンクトペテルブルク市街地だけでなく郊外の建造部も含まれています。日本の城のように全国に散りばめられているわけではありませんが、これもシリアル・ノミネーションといってもよいもので、(i)が入っています。

これに倣って、日本の城にも(i)を入れて、シリアル・ノミネーションをすべて共通にするほうがより説得力があります。その代わり、数は少し限定するほうがよい。他の国宝を入れ

サンクトペテルブルクの世界遺産
ロシアの都市・サンクトペテルブルクの中心部およびその郊外の建造物を含む世界遺産「サンクトペテルブルク歴史地区と関連建造物群」。→【註2】

たとしても、天守があることを基準に一二の城をすべて入れるのは、明らかにいきすぎでしょう。

世界遺産登録への新たな候補

松浦　世界遺産候補としてシリアル・ノミネーションで申請をし、(i)をすべての城に入れることを前提で考えると、私見では現在の三城に加え、かつて国宝だった松江城は候補にしてもよいと思いますが、他にも候補となる城はありますか。

麓　現在の候補のなかには層塔型天守が入っていません。江戸城が残っていればもっとも相応しいのですが、それ以降の代表的な層塔型天守となると、一番デザインが美しいのは宇和島城*です。本来は、天守が登場してから完成するまでの五〇年間にできた城だけにとどめたいのですが、完成形である江戸城がないので、それに代わるものとして宇和島城は候補になると思います。

松浦　中世から近世にかけて軍事的な目的から権力の象徴へ、さらには政治の中心としての城になっていくというストーリーは、国内的にも国際的も通用すると思いますから、これに合う城を選んだほうがよいでしょう。建造物の発展過程としては「層塔型天守」と「望楼型天守」の二つが重要であることはわかりますが、このストーリーで両方の様式を入れる必要はありますか。

麓　五〇年の間に急速に天守の様式や構造が発達したことからいえば必要だと思いますが。

西村　巨大木造構造が短い間にどれだけ変化し、どこで終わったのかというストーリーにしたほうがよいでしょう。そうすると、あるいは宇和島城も候補に加えることになるかもしれません。また、御殿がある高知城*も候補になるのではないでしょうか。

宇和島城
愛媛県宇和島市にある旧宇和島藩の城。藤堂高虎により一五九六年から築城。現在の天守は一六六六年頃に伊達宗利によって再建されたもので、江戸時代の特色を残すものとして知られる。松山城や高知城など全国で一二しかない現存天守の一つ。

高知城
関ヶ原の戦い後、土佐藩主山内一豊が築城し、一六〇三年に本丸が完成。一七二七年の大火で大半を焼失。その後、創建時の姿を踏襲して再建され、一七四九年に天守などが完成した。一八七三年の廃城令による破却や太平洋戦争の空襲を逃れ、天守・本丸御殿・追手門など一五棟の建造物が現存し、重要文化財に指定されている。

矢野　高知城天守が最初につくられたのは一六〇〇年代の初めですが、焼失した後、創建時の古い形をそのまま一八世紀に再建しています。藩祖山内一豊が建てた天守への思い入れが残っており、ストーリーのなかで古い天守へのこだわりにもつながると思います。

松浦　世界遺産の視点でいうと、原型がしっかり復元されているかが重要になりますが、その点はいかがですか。

矢野　勝手に再建すると幕府に睨まれますから申請書を出しており、文献上でも証明できます。

松浦　五〇年間に絞るとすれば、宇和島城の創建は一六六五年ですから、少し遅すぎるように思います。また、国際的には、復元の仕方にもよりますが、高知城のほうが宇和島城よりも説明しやすいような気もします。

麓　国宝四城であれ、姫路城をのぞく三城であれ、価値づけをするにあたっては、現存する一二城すべてについて、その特色と価値を見直さなければなりません。それには、もう少し検討が必要です。

西村　同感です。天守が残っている一二の城を、公平に見直して位置づけをし、整理する必要があると思います。日本にどれだけ城が現存し、そのなかからどのようにして登録する三城とプラスアルファを選んだかを必ず尋ねられますから、それに対してきちんと説明できなければならない。国宝に指定されているから、あるいは過去に国宝だったから、というだけの理由では弱いと思います。「琉球王国のグスク及び関連遺産群*」［註3］のときも、二〇〇くらいあるグスク（居城）から三つのグスクを選んだので、なぜその三つなのかが問われました。

麓 和善

琉球王国のグスク及び関連遺産群
二〇〇〇年に世界遺産（文化遺産）に登録された沖縄県の遺産群。一五世紀前半に成立した琉球王国は、中国・朝鮮・日本・東南アジア諸国との広域の交易を経済的な基盤とし、国際色豊かな独特の文化が形成していた。グスク（城）は、その特色を如実に反映している文化遺産。→［註3］

ヒエラルキーの裏づけ

五十嵐　一つ疑問があります。天守はある種のヒエラルキーの象徴だといいますが、江戸城も安土城も現存しません。ヒエラルキーの問題は、比較する構築物が存在しないので、ストーリーの核心とするには弱いのではないでしょうか。日本人にはなんとなく理解できますが、外国人にも通用しますか。

岩槻　私もそこは疑問です。

五十嵐　実際に天守が残っていれば、それもわかりますが、なくなってしまった現状でどうやって証明するか。私が鎌倉の世界遺産登録の失敗をみて感じたのは、外国人の見方は率直だということです。「武家の古都とは、どこにあるのか？」と問われるわけです。さきほどのストーリーであれば、本家本元の安土城や江戸城が現存しないので、権力の象徴やヒエラルキーを主張しても理解されないのではないか。

松浦　現状でも数を絞れば説明できると思います。ここで権力の象徴といっているのは、日本全国を治めている権力のことではなく、その地方を治めている権力の象徴ということですから。

五十嵐　歴史をたどると、しかしそのころは各藩が力をもっている。今でいう地方分権ではないでしょうか。

西村　地方分権ですが、天守の高さによってヒエラルキーを示すというところにユニークさがあると思います。中世から近世への移行期は、国が非常に不安定だった。誰が最高権力者になるのか、自分たちがどうなるかさえ定かでない時代に、まず自分の足下を守らなければならない。

五十嵐敬喜

だからこそ、凄まじい勢いで各地に城がつくられていったわけです。

五十嵐　ある意味で「自治」だった。しかし、近代でいう自治ではなく、戦国時代の「自治」という意味で、極めて独特なものということでしょうか。

西村　自治ですが、自分の国が存続するかどうかという非常に切迫感のある自治でした。守らなければ攻められてなくなってしまう。

松浦　そうすると、高知城がこのストーリーのなかに入るか、疑問になってきました。高知城は江戸幕府が全体を治める以前に建てられたわけですから、むしろ地方がそれぞれ独立した権力をもっていた時代の城という理解になるのではないでしょうか。

城下町への評価

西村　城について議論をするさい必ず出てくるのは、天守は単独で存在しているわけではないということです。城は城下町とともにあり、城下町そのものも世界史的にみて非常にユニークなので、両方をセットで議論すべきであるという考え方はよくわかります。

松浦　それはわかります。しかし、城下町が当時のまま原型をとどめていれば議論になりますが、日本の場合、すべての城下町が都市化、近代化しています。一部は残っているものの、ヨーロッパの世界遺産のような形ではありません。ヨーロッパには、例えば数百年前の炭鉱町がほぼ当時のまま残っていますから、日本の現状で城下町を世界遺産に登録するのは非常に難しい。

西村　私も城下町は別の形で評価し、さまざまなまちづくりを進める過程で、城と城下町が一体であることを強調すべきだと思います。世界遺産のストーリーとしては、天守に絞るほうが説得力があります。

松浦　その通りです。城下町を切り捨てるということではなく、世界遺産登録を考えるのであれば、これまでの経験に学んで柔軟に考えるべきです。例えば、先ほどの鎌倉市は、申請にあたって「武家の古都　鎌倉」を打ち出しました。そのストーリー自体はよいと思いますが、それを裏づける物的な証拠が乏しい。中核となる鎌倉幕府の建物も現存しなければ、跡地すらはっきりしていない。切り通しは残っていますが、肝心の武家の町並みがなかった。

城下町を申請しても、委員から必ず同様の反論が出るはずです。「ストーリーはよいが、それを支える物的な証拠がしっかりと残っていますか?」と問われたときに、提示することができない。

西村　鎌倉は、「Kamakura, Home of the Samurai」という副題をつけました。たんなる物的なまちではなく「武家文化のふるさと」であるという意図があったのでしょうが、受け取ったユネスコ側は、「Home」だから「都市」があるはずと受けとめました。

松浦　ストーリーを裏づける物的な建造物や記念碑があるということが、世界遺産の条件です。史跡だけでは難しく、それさえもなければほとんど不可能です。鎌倉では大仏や円覚寺などの寺はありましたが、全体からみれば周辺的なものであり、中核にはなりません。

平和な時代の象徴

五十嵐　城の堀はどうでしょうか。堀は天守と城下町のいわば中間にあって、日本人の感覚からすれば石垣と同じように、城を語るうえで欠かせないものだと思います。

西村　堀や御殿、庭に範囲を広げることはできますが、基本的なストーリーとしては天守を中心にするほうがわかりやすいと思います。

松浦　国際的にはそうでしょうね。現に姫路城はそれで問題なく登録されたわけですから。

西村　もう一ついえば、天守の発達がある時点で止まったまま現在まで残っているという点もユニークです。例えば、ヨーロッパでは大砲の出現で戦術が変わり、建築様式も変化します。石垣は、大砲の玉のエネルギーを受け止めるために、むしろあまり堅牢ではない積み方に変わっていきました。ところが、日本では江戸時代に入ると戦がなくなり、建築物を変える必要もなくなりました。もしも戦が続いていたら、石垣の中に隠れるような低い天守になっていたかもしれませんが、天守は大砲がない時代に発生し、戦のない時代のなかで化石のように残った。天守が壊されるのは明治になってからで、その意味では、逆説的ではありますが、天守は日本の平和な時代を象徴しているともいえます。

麓　日本に新型の城郭が出てくるのは、幕末になって五稜郭などの西洋式の城郭を建造するようになってからです。それまでの二〇〇年以上の間は火縄銃がそのまま残った。

松浦　それもストーリーのなかにうまく反映できればいいですね。

市民が守り、残してきた城

松浦　江戸時代が終わり明治に移る時点で、一八〇〇の城が残っていたとされますが、封建時代

岩槻邦男

の遺物としてその大半が破壊されました。中央集権国家をつくるという大方針のもとで、各地の城が目障りだったというのはわかります。

矢野　もう一つは、幕末からほとんど手入れがされず、かなり老朽化していたので取り壊したということもありました。

松浦　姫路城は払い下げると一〇〇円だったが、壊すほうがかなり高額になるので残されたと聞いたことがあります（笑い）。

岩槻　一方で、会津のように城の再建にずいぶん尽力した地域もあります。彦根城は井伊家の個人資産だったという話が出ましたが、メンテナンスに国はどのくらい関与していたのでしょうか。

麓　個人所有だった時代は、国は何もしていなかったと思います。

岩槻　国宝に指定されるまでは井伊家が修理をしていたわけですか。

麓　そうです。犬山城も同じです。廃城後は当時の犬山県の所有になりましたが、濃尾地震で壊れたさいに修理することができなかったために、旧藩主の成瀬家と旧家臣が資金を出し合って修理をし、成瀬家の所有に戻ったのです。

矢野　松本城も、江戸時代の遺産を残そうという市民運動のなかで保全されています。

岩槻　さきほど、江戸城の天守は消失した後、もう必要ないので再建されなかったという話がありました。ところが、そうであるにもかかわらず、他の城ではあまり使い勝手のよくない天守が守られてきた。明治になって各地の天守が壊されたが、一部では維持されてきた。世界遺産としての意味では、こうした守ってきた日本人のスタンスも評価してよいと思います。

西村　そうした活動がなければ現在まで残らなかったでしょうね。とくに家臣と市民の力が大

矢野和之

きかった。いまでも城の復元というと資金が割合すぐに集まります。城であれば市民が団結する。
岩槻　私たちが習ってきた歴史では、封建時代は悪政で、明治維新によって改善されたということになっていますが、大名の多くは庶民を守るよい政治を行ってきたから二六〇年間の平和が続いたのだと思います。封建時代であっても、よい領主が治めていた地域は、庶民にとっても決して悪政ではなかった。庶民を苦しめるだけの領主であれば、城は維持されなかっただろうと思います。飢饉のときに、藩主が藩の蔵を開いて庶民を飢えから救ったという逸話はどの地方にも残っています。つまり、制度の善し悪しではなく、領主の政治がよかったかどうかだと思います。
西村　築城が非常に短期間でできたのも、労働者の尻を叩いただけではなく、彼らを奮い立たせるものがあったからでしょう。だからこそ、城がたんなる軍事拠点としてではなく、もっと何か違うものの象徴として、多くの日本人のなかに今も存在しているのだと思います。

註

1「世界遺産条約履行のための作業指針」には連続性のある資産について、次のように定められている。
一．同一の歴史・文化群、二．地理区分を特徴づける同種の資産、三．同じ地質学的、地形学的形成物、又は同じ生物地理区分若しくは同種の生態系に属する関連した構成要素が、個々の部分ではそうでなくとも、全体として顕著な普遍的価値を有するものである。ひとつの締約国の領域内に全体が位置する場合もあれば（連続性のある資産）、異なる締約国の領域にまたがる場合もある（連続性のある国境を越える資産）。

2 一八世紀初頭、ロマノフ王朝第五代皇帝、ピョートル大帝は、ヨーロッパに比べ遅れていたロシアの近代化を決意。沼地だったこの地に、ロシアで最も美しい都市と言われるサンクトペテルブルクをつくりあげた。ロシア革命翌年の一九一八年までのおよそ二〇〇年間、政治・経済・芸術の都として栄えた。

3 グスクとは、古琉球（ぐすく）時代の遺跡のことで、一般的には城（しろ）と訳されている。しかし、グスクの領域は全てが城ではなく、御嶽（聖地、拝所）の領域として拝所があり、自然崇拝、祖先崇拝といった沖縄伝統の信仰形態を今に伝えている。

第三章　城の歴史と国宝三城

叙事詩の如く　巨大で美しい建築の歴史

矢野和之

プロローグ

日本列島は、ユーラシア大陸の東端に位置していることから、文化・文明の終着駅のような様相を呈しているが、世界史のなかで日本独特の建築文化を育んできた。巨大モニュメントは、世界のあらゆる場所・場面で出現している。その出現の背景は様々ではあるが、世界的にそれほど大きくない版図をもつ日本で、巨大な構築物が次々に現れてきたことはどう解釈できるのだろうか。世界でもそうであるが、巨大構築物は日本でも国家建設期と最盛期に出現している。宗教的存在であるとともに政治的存在であることは、洋の東西を問わない。

織田信長の安土城天主に始まった天守建築はその最たる例で、信長死後も豊臣秀吉、徳川家康と時の天下人によって権力のヒエラルキーを表す道具として生き続けていったものである。天守は歴史の中に突然に巨大な異形の建築として姿を現したともみえるが、他の巨大建築の場合と同様にまったく突然現れているものではなく、必ず前触れとなるべき動きがある。建築の歴史も激しく緩く流れる大河のようなドラマに富む。まずはその源流からたどってみよう。

一　巨大建築の歴史

箸墓古墳

弥生時代後期から墳丘のある墓が出現し、三世紀半ばに前方後円形の古墳が出現する。突然長さ二八〇メートルを超える巨大な前方後円墳である箸墓古墳が現れるのだが、それまでの墳丘墓と比べて土量が二桁以上も大きく、その出現は権力の巨大化による投下人力の革命的な増加だけでは説明できない。高度な測量技術と設計技術がなければ不可能であり、大陸からの技術導入があったと考えるのが一般的であろう。中国の巨大墳墓がほとんど方墳という単純な形であったことと比べ、前方後円墳の形は複雑である。筆者はかって史跡の保存整備で一〇〇メートルクラス（首長墓）の前方後円墳を復元設計した経験をもつが、左右をわざと対称にしないなど、おそらく宗教的な禁忌を含めて三次元の空間設計には高度な設計意図があることを強く感じたことがある。この技術的謎は解明されていないが、これは弥生時代の各地に勢力が分立した構造が変化し、中心的存在が生まれたという、古墳時代の幕開けとしてのモニュメントといえる。

仁徳天皇陵古墳（大仙陵古墳）

四世紀には、全国に前方後円墳*がつくられ、五～六世紀を通じて東北北部、九州最南部を除いて分布していく。墳形の種類としては、前方後円墳、前方後方墳*、帆立貝式古墳*、方墳、円墳など多様性があるが、前方後円形の墳墓という共通性をもって国家のまとまり、共同体を表している。その中でも、四世紀末から河内地域にさらに巨大な前方後円墳が出現し、墳丘長が四八六メートルという仁徳天皇陵古墳に代表される、大王を頂点とする権力のヒエラルキーを前方後円墳の大きさで表すこととなる。この時代は、東アジアの状況が大きく変化しており、中国北部の混乱と高句麗の圧力による朝鮮半島の状況、ひいては倭政権との関係が緊迫した。倭政権は、中国南朝（宋）と緊密な関係を保つとともに、鉄の確保や先進技術・技能の取得を狙っていた。前方後円墳という墳形を通じた国内体制強化のためのモニュメントとして、さらには海外勢力に対するアピールとして、巨大前方後円墳が造営されたと考えられる。初期国家としてのアイデンティティの確立を目指していると考えられる。しかし、吉備（岡山県）地方の造山古墳など、三五〇メートルの大型前方後円墳がみられることから、ヒエラルキーの内容については単純な構造ではないのかもしれない。

大官大寺と薬師寺

日本の古代国家成立は、天武・持統朝に成立したといわれている。律令国家の成立である。日本の歴史時代の開始は飛鳥時代とされているが、この時代は、教義をもった宗教としての仏教を通じて、当時としてはインターナショナルな文化・文明の受容が高まった。仏教の受容は、

前方後円墳
死者を葬る丸い形の円墳と、四角形の方墳を組み合わせた鍵穴形をもつ、日本独特の古墳。

前方後方墳
前方後円墳の後円部を方形にした古墳。

帆立貝式古墳
前方後円墳のうち、方形の突出部が著しく短い古墳。

単に宗教的・文化的受容というよりも、国家統一の体制づくりに有効な宗教としての機能を有していたという一面も考えられる。飛鳥寺以来各地で寺院建造が始まり、白鳳期*に百花繚乱ともいうべき建築文化の華が咲いた。寺院跡の発掘事例から推測すると、伽藍《がらん》*も建築も様々な形式・様式があったことが推察されるが、残念ながら飛鳥・白鳳期を語る現存建築は法隆寺と薬師寺しかない。白鳳期の中心的存在として藤原京の造営と大官大寺など巨大伽藍の造営が挙げられる。大官大寺は、その名の通り官寺であり中央政権のシンボルとして巨大な九重塔の建造を目指した。「大王《おおきみ》は神にし坐《ま》せば水鳥の　すだく水沼を皇都《みやこ》となしつ」(『万葉集巻十九』)と詠われた中央集権的権力を誇示したといえる。天皇という称号が用いられ始めるのもこの時期で、その後大宝律令の制定で律令制が正式に動き出す。

白鳳期
六四五年の大化改新から、七一〇年に都が奈良に移るまでの、日本古典文化や美術が開花した時期。

伽藍（がらん）
寺院の主要建造物群。古代では金堂・塔・講堂・南大門・中門・回廊から成る。

薬師寺東塔　撮影：広瀬鎌二

薬師寺は、天武天皇が皇后（後の持統天皇）の病気平癒を祈って藤原京に建立した寺（本薬師寺）であるが、その特徴は、巨大さというよりも華麗な建築意匠にある。裳階《もこし》＊を付属した強弱をつけたこの建築様式の流れは、時空を超えて平安時代の浄土教寺院に受け継がれているが、法成寺と法勝寺に本薬師寺から移築が行われたことからも頷ける。平等院鳳凰堂と薬師寺東塔との間に共通のイメージがあるのも決して故なしとはいえないのである。

伊勢と出雲

天武・持統朝において、伊勢神宮と出雲大社の社殿という巨大神社建築の造営は国家成立と王朝の正当性を表現したといえ、伊勢神宮は天皇家による国家統合の象徴とされた。神宮正殿を間近で見ると、実にボリューム感があり圧倒されるもので、さらには遷宮＊から数年は素木の

神魂神社本殿　写真提供：旭出版企画

裳階（もこし）
建物の本屋の周囲を取り巻いて付けられる廂（ひさし）部分。

遷宮（せんぐう）
神社の正殿を造営・修理する際や、正殿を新たに建てた場合、御神体を遷すこと。

檜が黄金色に輝く。

出雲は高天原《たかまがはら》に対する根の国、黄泉《よみ》の国として服従側の象徴とされ、そのモニュメントが出雲大社である。伊勢神宮が、倉を祖型とした素木で平入*の建築であるのに対し、出雲大社は住居を祖型とした丹塗《にぬ》りで妻入*という正反対の意匠をもつ。一六丈（四八メートル）にも及ぶ真紅に塗られた雲がかかるような高い神殿は、征服される側の象徴として位置づけられたものであろう。征服される側も強大で、文化も高くなければならないはずである。

ちなみに現在の出雲大社社殿は江戸時代のもので丹塗りではないが、松江市の出雲国造家の故地にある神魂《かもす》神社の方が古式を残しており、この建物を紅く塗ると創建当初のイメージに近い。

天智天皇の時、滅亡した百済を再興するために渡海した軍勢は、白村江《はくすきのえ》の戦いで大敗を喫した。この後対馬、九州、瀬戸内海沿岸に山城をつくり唐の侵略に備えた。大陸の巨大帝国の成立による緊張が続いたが、この緊張関係を逆手に取って唐に倣った古代国家体制が構築されたともいえる。これはまさに列強からの圧力から幕藩体制が崩壊し、明治という近代国家ができたことに似ている。幕藩体制という既得権が外圧によって潰れたのであるが、古代でも古墳時代から続く地方豪族の力を弱め、中央に権力を集中する古代国家体制となったといえる。

東大寺

古代の国家体制も盤石ではなく、聖武天皇が疫病と災害、そして政治抗争の中、全国に国分寺造営の詔を発し、総国分寺として東大寺を建設した。仏教を国家鎮護の中心として造営したが、

平入（ひらいり）
建物の大棟（おおむね）に対して平行な面に出入口が設けられたもの。

妻入（つまいり）
建物の大棟に対して直角の面に出入口が設けられたもの。

聖武天皇の権力の再構築の手段として巨大建築が造営されたともいえる。高さ一〇〇メートルにも及ぶ七重塔二基と、巨大な大仏と大仏殿を擁する大伽藍、さらには、原則として七重塔を擁する国分寺を全国に配する号令をかけた。東大寺を頂点とするこの構想は人民の疲弊を招いたことも否定できない。大仏殿は、政治的な統合の象徴である平城宮大極殿よりも大きいものであった。

　東大寺は古代から中世にいたる平安末期に源平騒乱のなかで焼亡した。巨大建築が炎上するさまは、この世の終わりかと思われる劫火であったに違いない。天皇家に再建の力はなく、後白河法皇から勧進職に任命された俊乗坊重源《しゅんじょうぼうちょうげん》和尚によって再建されていったが、源頼朝の支援を受けたとはいえ、全国に寄付を募っての再建であった。再建時に、重源によって構想された大仏殿は、大材が取得不可能な中で、構造的にも工法的（部材の標準化など）にもきわめて合理的な「大仏様」という、様式よりは建築工法システムで造られたものである。宋の影響を受けているとはいえ、「構造即意匠」という近代建築の理念がすでに実行されていることは、重源という稀代の建築家の力に根ざすものであろう。南大門は今も往時の大仏様の威容を誇っている。

　東大寺は、中世から近世に至る過程でも兵火によって再び焼亡し、元禄期になって再建をみた。この間に、京都に豊臣秀吉によって奈良の大仏殿に等しい規模をもつ方広寺大仏殿が建造されたが、大仏は乾漆製であったため、地震により倒壊してしまい完成を見ていない。この事業は秀頼に引き継がれるが、大仏鋳造時に火災を出して、せっかくの大仏殿も灰燼に帰した。慶長一五（一六一〇）年に再建が始まり、幕府が援助するが、梵鐘《ぼんしょう》の銘文が幕府によって問題視され、豊臣滅亡のきっかけとなった。天下人ではない秀頼が方広寺を再建すること自体が、その巨大さゆえに大きなリスクを払うことを、秀頼側が認識していなかったのだろうか。幕府のしたたかな豊臣潰しの意図があったのであろう。

維新後、明治政府による寺社領の国有化、神仏判然令の公布や廃仏毀釈《はいぶつきしゃく》*によって古建築の修理がままならなかった時代、東大寺大仏殿は古社寺保存法（一八九七年）という近代の新たな保存システムによる国家的支援のもと、大修理が行われている。この時、小屋構造*を西洋の技術であるトラス構造*としたことは案外知られていない。このように東大寺という巨大モニュメントは、日本の歴史や文化の縮図ともいえる。

法成寺と法勝寺

平安時代には桓武天皇による平安遷都により平安宮には大極殿が建設され、平安初期の『口《くち》

東大寺大仏殿（元禄再建）　写真提供：旭出版企画

東大寺大仏殿（鎌倉再建）　写真提供：旭出版企画

廃仏毀釈（はいぶつきしゃく）
仏教寺院・仏像・経巻を破毀し、僧尼など出家者や寺院が受けていた特権を廃すること。

小屋構造（しょうやこうぞう）
屋根を支える梁から上の構造。

トラス構造
三角形を基本単位としてその集合体で構成する構造形式。

遊《ずさみ》』に「雲太　和二　京三」とあり、日本一が出雲大社、二番目が大和の東大寺大極殿、三番目が京の大極殿というほどであった。

藤原摂関家が権力を握り「この世をば わが世とぞ思ふ 望月の 欠けたることも なしと思へば」と詠んだ藤原道長は、法成寺という浄土を具現化した華麗な寺院を建立した。貴族たちに末法思想が広がる中で、阿弥陀堂を中心とする浄土教寺院の中でも群を抜いた規模であった。『栄華物語』には、「澄んだ池に蓮の花が咲き、池の周りには植木があり、孔雀、鸚鵡が中島に遊び、御堂の影が映っている」と表現されている。その俤《おもかげ》を現在に伝えるのが平等院鳳凰堂である。

しかし、平安時代後期になると、後三条天皇、白河天皇など天皇家の親政が始まり、外戚の介入を排し、天皇を退いても権力を維持する院政が開始される。その力のシンボルが、法成寺に対抗した法勝寺の造営にある。八角九重塔は高さが八〇メートルという高層建築で、京都のどこからでも眺めることができたという。

平泉の奥州藤原氏は、この巨大な浄土教寺院に倣って中尊寺・毛越寺・無量光院を造営し、金色堂という小型ではあるが金色に煌めく堂を建て、仏国土の建設によって安寧を得ることを目指した。

また、平清盛は、それまでの小規模な神社を厳島の海に浮かぶ壮麗な社殿に造り替え、海上交通を護る平家の氏神とした。大陸との通商の強化を目指した清盛の思いがなせたものであろう、巨大建築ではないが、世界的にもこのような例はなく極めてユニークなものである。世界遺産としてこの点が高く評価された。

金閣

華麗な建築という意味では、足利義満によって造営された鹿苑寺《ろくおんじ》金閣を忘れてはならないだろう。昭和二五（一九五〇）年、寺僧の放火により金閣が全焼したが、三島由紀夫の小説『金閣寺』はこの事件を題材としている。松の緑を背景に鏡湖池に姿を映す金色に輝く楼閣は、世界中を見回しても比類のない美しさをみせている。義満はこの建物で何を示そうとしたのか。

義満は一一歳で将軍に就任し、南北朝を合一し太政大臣となって世俗的権力を手に入れるとともに、出家して世俗を超えた地位を手に入れた。上皇の礼遇を受けるようになり、明の建文帝から日本国王の冊封を受けた。ちなみに義満が天皇大権の簒奪《さんだつ》を企てていたという説は明治時代から存在する。義満が北山殿の中に応永五（一三九八）年頃に造営した金閣は、舎利殿で

鹿苑寺金閣　写真提供：旭出版企画

ある。一階は素木の寝殿造風であるが、上部は金箔張り（内部床は黒漆塗り）の二層の仏堂となっており、二階は書院造風で観音像を安置、三階は禅宗様で阿弥陀三尊像が安置されていた。禅宗様の建築は素木が基本であるので、金張りというのは異形の建築であるといえる。この金閣自体が、義満の目指す社会を体現しているという説もあるが、義満は小松天皇の北山殿御幸の一か月後に急死した。毒殺ではなかったかといわれている。

二　城の出現とヒエラルキー

安土城天主

織田信長は、その版図を広げるにつれ、岐阜城から近江の安土に城を構えた。琵琶湖を眼下におさめる小高い山を利用し、高い石垣を築きあげ、頂上部に地上六階地下一階、高さ約三二メートルの高層建築を造った。城下町も整備され、多くの商人が活動するよう企画された。天守と高石垣と城下町がセットとなっており、以後これが近世城郭の基本となる。次の構想としては大坂に日本の中心となる城を築く予定であった。信長の大坂城天主はどのような規模・意匠となったかは想像すべくもないが、後の家康の江戸城天守の高さの一六丈（四八メートル）にはなっていたと思われる。

安土城の前身である岐阜城は、山の下に居館があり、禅僧策彦周良《さくげんしゅうりょう》により天主と名付けられたといわれる四階建の御殿があった。イエズス会宣教師のルイス・フロイスが案内され、その設えの豪華さに驚いている。また、松永久秀築城の奈良の多門城に四階櫓があったとあり、多層階建築の技術的なベースがすでにあったことを窺わせている。

岐阜城の天主を進化させた高層建築が安土城天主であるが、信長公記によると一階・二階・三階は御殿、五階は和様八角円堂、六階は三間四方で高欄が巡っている（一間が七尺という柱間は、内裏など天皇家に許されるもので、天下人としての建築を意識している）。高さ三二メートルと推定される、当時として、破格の規模を持つ建築であった。

つまり五階は朱塗りの柱をもつ八角円堂の中に釈門十大弟子など仏教の絵があり、六階は金張りで、内部に三皇、五帝、孔門十哲などの絵が描かれていた。それまでの日本の歴史にない巨大高層建築、そして内部に描かれた絵の意味するものはなんであろうか。信長暗殺の真実は闇に包まれたままであるが、巨大で華麗な建築造営のリスクを信長も払ったというべきであろう。

天守とヒエラルキー

織田信長の時代（一五七三〜一五八二）には、安土城をモデルとした新たな発想の城郭が積極的に建設された。その城には高石垣と天守は不可欠で、信長傘下の大名によって各地に天守がつくられた。これらはほとんど残っておらず、史料により推定するしかないものの、安土城天主を頂点として、その他はかなり小ぶりであったと思われる。羽柴秀吉の姫路城天守は、現在の乾小天守程度であったと考えられているし、丸岡城天守（現天守創建年代には問題が残る）や岡山城の大納戸櫓（宇喜多直家《うきたなおいえ》時期の天守の移築）などがある。一方で柴田勝家築城の北庄城に巨大な天守があったとされるが、確認はできない。石高や官位と連動した明確なヒエラル

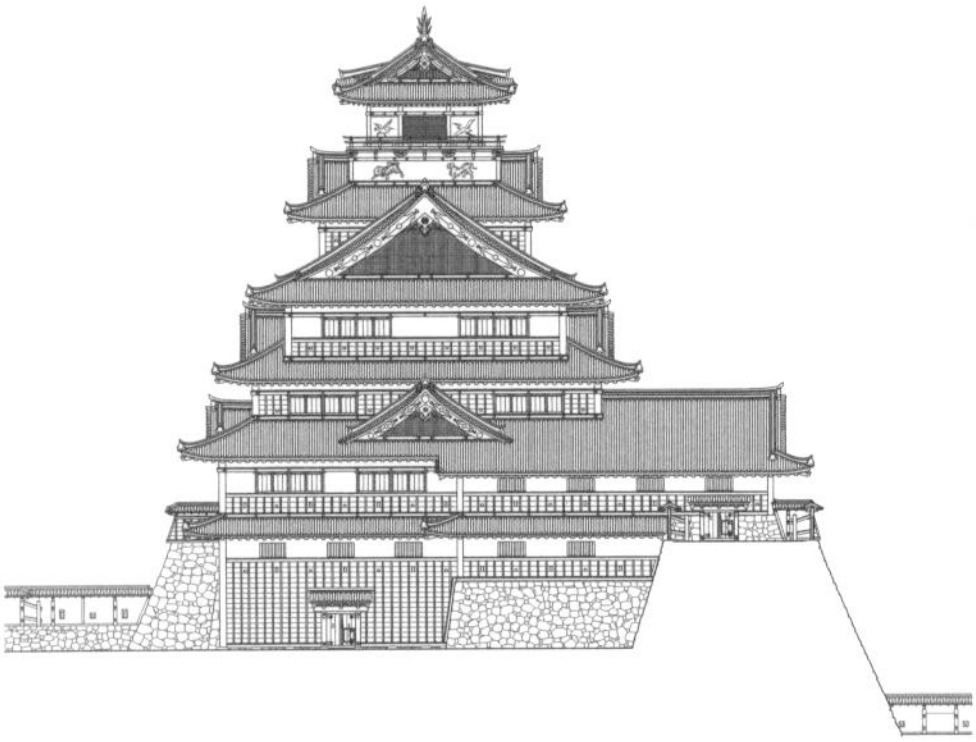

大坂城天守（宮上茂隆復元）
図提供：竹林舎建築研究所

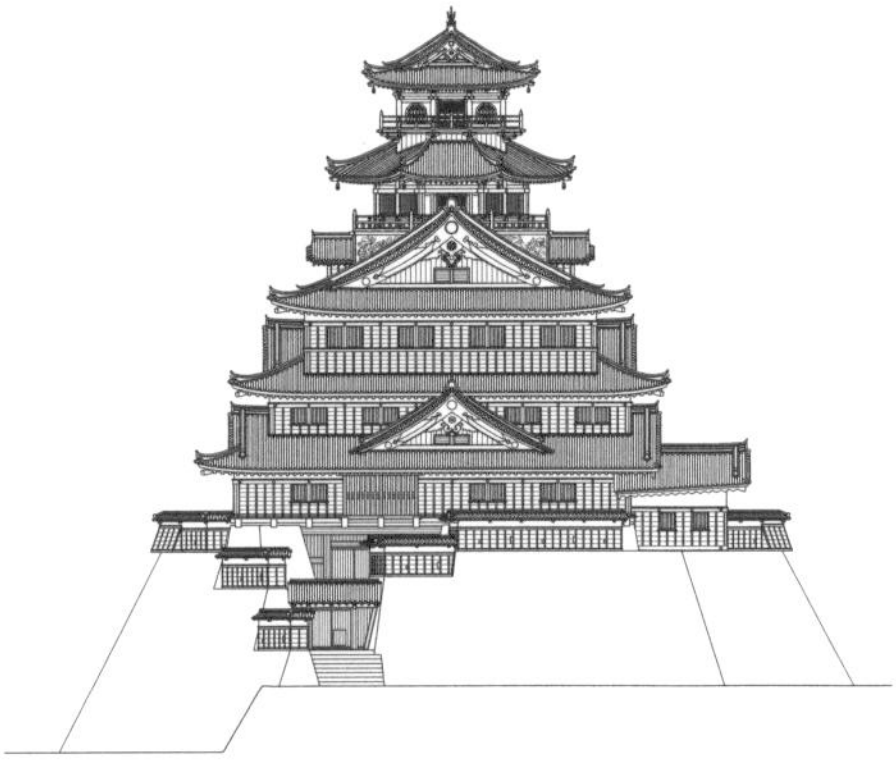

安土城天主（宮上茂隆復元）
図提供：竹林舎建築研究所

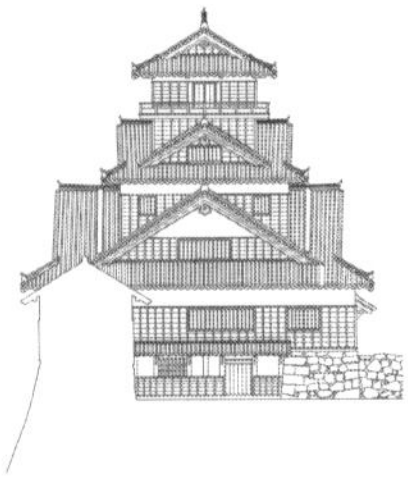

熊本城宇土櫓
出典:「12.竣工　南側立面図」（文化財保存計画協会『重要文化財　熊本城宇土櫓保存修理工事報告書』熊本市、1990年）

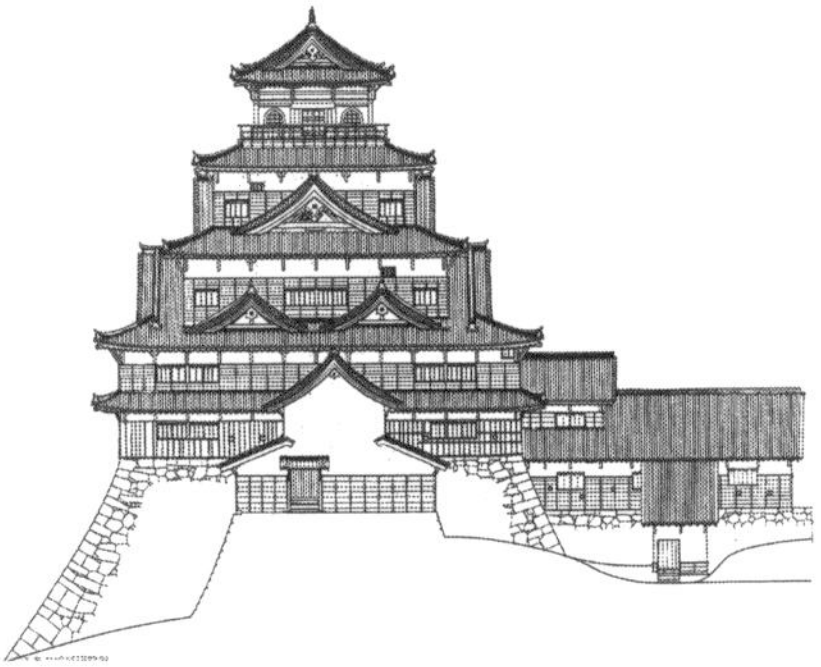

広島城天守（戦災前）
図提供：姫路市立城郭研究室

熊本城大天守・小天守（明治初期）　撮影:冨重利平

姫路城天守　撮影：矢野和之

キーはまだ形成されていなかったかもしれない。

豊臣秀吉の時代には、信長が築城を予定していた大坂に城が築かれ、一階平面が一二×一〇間（七尺間）で、信長と同じ高さの天守（推定三二メートル、大坂城からは「天守」と表現）が建造されたが、安土城とは異なり、別に豪壮な御殿もつくられた。天守と御殿はこれ以降ワンセットとなっていき、最上階の宗教的・統治イデオロギーのメッセージはなくなる。

この大坂城を頂点とする天守の規模は明快である。毛利の広島城天守や宇喜多の岡山城天守は、この時期のもので、昭和二〇年の戦災で焼けるまで残っており、広島城は一階平面が一二×九間（六・五尺間）高さ約二七メートル、岡山城が一階平面一三×八間（六・五尺間）高さ約二二メートルであり、大坂城天守を超えないよう計画されていたことがわかる。熊本城の宇土櫓は五階建ての大きな櫓であるが、この時期の天守（慶長初年頃）の移築であると考えられ、一階平面が九×八間（六・五尺間）・高さ約一九メートルは、ちょうど加藤清正の当時の地位に相応しいといえる。

徳川家康は、慶長八（一六〇三）年に征夷大将軍となり幕府を開き、すぐに慶長一〇（一六〇五）年、将軍職を秀忠に譲ることにより、豊臣家に政権が戻ることはないことを天下に示している。さらには、一階の平面規模が一八×一六間（七尺間）、高さ一六丈（四八メートル）に及ぶ江戸城天守を完成させ、江戸城天守を頂点とするヒエラルキーを形成した。このヒエラルキーは秀吉時代よりさらに明確となっていく。名古屋城は西国大名を集めた天下普請で、大坂の豊臣秀頼を牽制する巨大な城と天守が突貫工事で慶長一七（一六一二）年に完成した。一階平面は一七×一五間で高さ三六メートルは、この時点では江戸城天守に次ぐもので、延べ床面積は江戸城天守をしのぐ。

江戸城天守の高さが東大寺大仏殿、古代の出雲大社と同等であることは、単なる偶然ではない。池田輝政は一階平面一三×一〇間（六・五尺間）・高さ約三一・五メートルの姫路城天守を、加藤清正は新たに一階平面が一三×一一間（六・五尺間）・高さ約三〇メートルの熊本城天守をつくった。この規模は、ほぼ大坂城天守に匹敵する。家康の目論見にしてみれば、大坂城は相対的に天下人の城ではなく、池田や加藤などと同等の一大名の天守規模となる。

しかし、石高と天守規模が必ずしも一致するわけではなく、秀吉期建造の天守は、大坂城天守を頂点としていたために、江戸城天守を頂点とする家康期の天守と比べると小ぶりである。豊臣滅亡後、幕府は大坂城を大改築し、豊臣大坂城を封じ込める形で造営した。これが現在の大阪城で、天守も江戸城より一回り小さい。外様大名と譜代大名・親藩大名とでは対応が異なり、一般的に外様大名の方が大型であるが、その一方で薩摩の島津、陸奥の伊達などまったく天守をつくらなかった大大名もいる。

天守意匠

天守の意匠について、私たちは「豪壮だ」とか「美しい」と感じ、どの天守が好きかなどと話すことがある。これは、好みの問題ではあるが、背景には政治的要素も潜んでいる。天守の始まりは岐阜城天主や安土城天主であり、そのコンセプトを踏襲していく。安土城の最上階は三×三間の広さをもち、禅宗様（唐様）で金箔張、四方に扉が付き高欄が巡る形であった。最上階はまさに金閣に近い意匠であった。

秀吉の大坂城は、黒漆の下見板*に鼠漆喰*、金の錺《かざり》金具や鯱《しゃち》という意匠であった。最上階は長押を回して舞良戸《まいらど》という住宅風であった。黒に金という、それはそれで目立つ意匠であったに違いない。

次々と建てられていった織田・豊臣傘下の大名の天守は、変化しながらもこれらの意匠を一部踏襲するものが多い。外部に黒漆塗りの下見板と白漆喰を組み合わせ、一階や最上階を住宅風の設えにし、三×三間の平面の外に高欄を回し、火燈窓《かとうまど》などの禅宗様の意匠を取り入れることが多いのはそのためである。

それに比べ、徳川系の大名は、全面白漆喰で塗り籠めて、鉛瓦や錫《すず》（白蝋）瓦を用いた江戸城や駿府城天守のように、真っ白の建築をモデルにしている例が多く、軒先を揃えて逓減する明確な層塔型としている。

高松城天守などは、生駒親正《いこまちかまさ》創建の下見板張りの天守を、松平頼重が改築して徳川系の白漆喰塗り籠めのものにしていることからも、明確な意識があったものと思われる。

構造の変化と望楼式・層塔式

天守の形式は望楼式と層塔式に分けて説明されることが多いが、この名称は戦前から戦後すぐまでに定着していった。望楼式という名前の由来は、殿舎の上に望楼を載せたものが天守（殿守）の始まりということから付けられたものである。ただ、安土城が天守建築の始まりであるからには、この名の付け方は再考を要することになる。確かに御殿の上に小型の建築を載せているが、先に述べた通り最上階は単なる望楼ではないからである。

下見板（したみいた）
壁の横板張りで、互いに少しずつ重なり合うように取り付けた板。

鼠漆喰（ねずみしっくい）
漆喰に灰墨を混ぜ、ねずみ色に着色したもの。

構造的には大屋根、つまり重ごとにユニットとなる建築を重ねていく方式である。例えば三重の天守は三つの構造ユニットから成り立っているものといえる。時代が下ると階を貫く通し柱の構成が複雑となっていく傾向にある。これらの構造の変遷と意匠の関係を再検討することにより新たな呼称を考える必要がある。

これに比べて層塔式天守は、各階の逓減を規則的に行い、五重塔と同じように軒先を合わせることを意匠の根幹とし、完璧なプロポーションを志向していることから、名の付け方は妥当である。層塔式には千鳥破風や唐破風などがまったくない丹波亀山城天守があるが、千鳥破風などを付加することにより一見いわゆる望楼式に見えるものもある。例えば、名古屋城天守は完全には各重の軒先は揃っていないが、家光の寛永度天守は見事に揃って完成形となっており、そのための柱配置の構造が考えられている。

三　天守それぞれ

徳川三代と江戸城天守

家康は江戸城の最大の規模をもつ天守を慶長一二（一六〇七）年に建造した。一階の規模が一八×一六間（七尺間）で、五重五階、高さ一六丈（四八メートル）にも及ぶものである（慶長度天守）。江戸城の天守は図面が数種類残っているが、家康期のものについてはいくつかの説がある。天下人に相応しい規模と徳川系の意匠をもつものであった。

二代将軍秀忠は、場所を移して天守を建造し元和九（一六二三）年に竣工した（元和度天守）。三代将軍家光は、秀忠の元和度天守を解体し、寛永一五（一六三八）年、新たに建造した（寛永度天守）。規模・構造は同じであるが、腰壁を黒い銅板で張った意匠であった。

秀忠や家光は、それぞれが新たにほぼ同じ規模の天守を建造した。まだそれほど経っていない天守を解体して新たに造ったかに関しては、父と子の確執が原因だともいわれているが、本当の理由はわからない。この天守は、明暦三（一六五七）年の大火で焼失した。天守台の石垣は再建したものの、保科正之が、「天守は信長が岐阜城から始めたもので城の守りに不必要」という意見があり、かつ城下の復興を優先するのが妥当という理由で、再建を断念している。

前田家と金沢城

加賀百万石の前田家は、金沢城天守にみるように、天守については非常にストイックであった。天守は、一階が六×六間程度の小さな三重のもので、規模からいっても利家が天正期に創建したものであろう。慶長七年に焼失した後に再建されたものは同規模であったと思われるが天守という名称は使わず、三階櫓としていた。関ヶ原の戦い以後多くの外様大名が巨大な天守をつくる中では小さすぎるほどであった。大名家として筆頭の石高を誇る前田家が、いかに幕府との軋轢を避けようとしたかが天守規模でも読み取れる。

黒田家と福岡城

福岡城には立派な天守台があり、天守台の規模から一階平面が一二×一一間（六・五尺間）と推定され、同間数で七尺間の大坂城天守より少し小型といえる。福岡城には天守を造らなかったとされ、長年そう信じられてきた。しかし、当時隣の小倉にいた細川忠利と中津（大分県）にいた親の忠興との元和六（一六二〇）年の手紙のやり取りの中に「黒田長政は、徳川の御代に城はいらず、天守取り壊しを命じた」という内容があり、黒田家らしく幕府に対して極めて慎重な対応をしていることがわかる。

山内家と高知城

山内一豊は豊臣の傘下五万九〇〇〇石の大名として掛川城を築いていた。いち早く東軍につき、関ヶ原の戦い後は土佐二四万石を治めることとなった。高知城天守建造に際して、以前城持

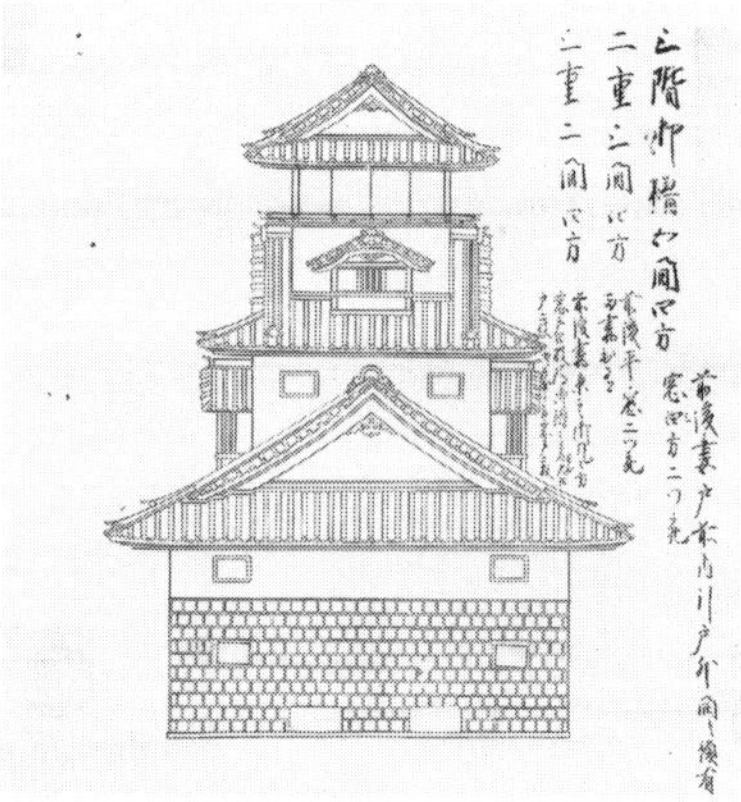

「金沢城三階御櫓之図」金沢市立玉川図書館蔵

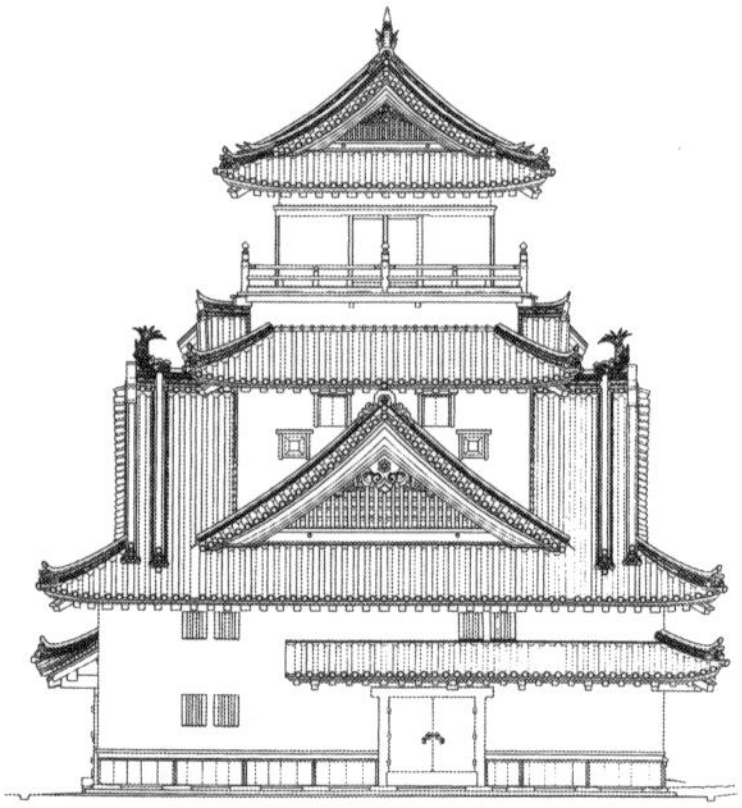

高知城天守　出典：「第六図　立面図（竣工）南面」（高知県教育委員会総務課『重要文化財　高知城天守修理工事報告書』1957年5月）

ち大名になって初めてつくった掛川城天守をモデルに規模を大きくしたものとした。よほど掛川城天守に思い入れがあったと思われる。高知城天守は享保一二（一七二七）年に城下町の大火により焼失した。幕府の許しを得て寛延二（一七四九）年に再建天守が完成するが、この再建は旧規に則って慶長期のものと同じ構造・意匠としている。現在の天守が慶長天守と瓜二つであり、さらには掛川城天守の延長上にあることは、土佐山内家の心情を表していると思われる。

加藤家と熊本城

筆者は、二〇年以上前に熊本城宇土櫓という重要文化財の修理を担当したことがある。この時、この三重五階の櫓が単なる櫓ではなく、その構造意匠から天守建築であったのではないかという宮上重隆氏の指摘を受け、石垣の時代編年や文献資料などの分析を行った。その結果、宇土櫓は慶長初期に建造された関ヶ原の戦い前の時期の天守、つまり慶長一二（一六〇七）年に竣工した大天守の一時期前の天守ではなかったかということがわかった。天守構造が古式で高欄を巡らすこと、ちょうど秀吉を頂点とするヒエラルキーの中での規模に合うこと、宇土櫓とセットとなっている「平左衛門屋敷」の詳細な資料（『平左衛門屋敷家御材木覚帳』）から、この建物群が清正の一時期前の古い御殿と推定できること、もともと熊本城は入国時造営から拡張を繰り返しており、これらを総合的に検討して結論づけたものである。

さらには、大天守の北に配置された小天守は建築としての構造・意匠は大天守と同じであるものの、大小天守台石垣の技法の違いと大天守とのとりつき方が不自然であることから、この場所での同時建造ではないとみられ、清正の隠居城であった宇土城天守の移築ではないかと考えられた。その後文献（『宇土軍記』）の中に移築の記述が発見され、証明されている。もともと大天守は清正が子の忠広のために建造したもので、清正亡き後に父の隠居城天守を横に移築するという忠広の心情がよく表れている。

その他

姫路城天守、犬山城天守、彦根城天守、松本城天守は国宝に指定されているが、その他にも松江城天守をはじめ重要文化財の八天守があり、熊本城宇土櫓も天守建築としてよい。名古屋城天守、広島城天守、岡山城天守という重要な天守などが戦災で焼失したのは返す返すも残念である。それぞれが、ドラマチックな物語を秘めているのが天守という建築である。

エピローグ

巨大な天守をつくった大名は、改易となっている例が多い。天守をつくらなかったか、つくっても破却したか、小型の天守あるいは三階櫓として天守と呼称しないか、というような政治的に敏感に対応した大名は、改易されていない。このことからも、いかに天守という建物が政治的なものであったかがわかる。

しかし、それにしても信長は安土城天主で何を表現しようとしたのか。信長の南蛮（ヨーロッパ）に対する興味は深いものであり、統治のために新たにキリスト教を利用することも考えたかもしれないが、そうではなく中国の中央集権的統治システムをモデルにしようとしたとも考えられる。天主という名もそれを表している。秀吉が朝鮮役を開始したのは、朝鮮侵略が目的ではなく、朝鮮半島は通り道で、明侵略が目的であったという説があるが、この発想は信長のものといえる。一気に近代的経済システムと統治システムへの変革を目指すという信長の意図を体現したのが安土城天主であったというのは穿ちすぎであろうか。巨大で美しい建築には、強烈な社会的背景とドラマチックな物語が潜んでいる。

松江城天守　撮影：矢野和之

西国をにらむ天下普請の城

彦根城の築城

谷口　徹

佐和山城から彦根城へ

慶長五（一六〇〇）年、天下分け目の関ヶ原合戦から二日後、小早川秀秋ら関ヶ原の寝返り組を主力とする部隊が佐和山城を包囲した。城主石田三成は関ヶ原に敗れて湖北へ逃走中であり、このとき佐和山城には三成の父正継《まさつぐ》を主将に兄の正澄《まさずみ》らが布陣していた。佐和山城の守りは固く、執拗な攻撃によく耐えたが、兵力の違いは如何ともし難く、佐和山城は落城した。

関ヶ原合戦後の論功行賞により佐和山城を与えられたのは、彦根の初代藩主となる井伊直政であった。慶長六（一六〇一）年正月、直政は上野国《こうづけのくに》高崎城（群馬県高崎市）より佐和山城に入る。ところが直政は、関ヶ原合戦で島津勢の放った鉄砲による傷が悪化して翌年この世を去る。直政より後事を託された家老木俣守勝は、徳川家康に城の移築計画を諮り、佐和山・彦根山・磯山（米原市）の三山を候補に、彦根山への移築が決定した。

彦根城の築城

慶長九（一六〇四）年七月一日、佐和山城の西方約二キロの彦根山において、新たな築城工事が始まった。およそ二〇年を要した築城の前期工事では、本丸や鐘の丸などの城郭主要部が築かれた。幕府から六人の奉行が派遣され、近隣諸国の大名に助役《すけやく》が命ぜられるなど、幕府主導の公儀普請《ふしん》で工事が進められた。豊臣恩顧の大名が多い西国へのおさえの拠点とされ、完成が急がれたのである。そのため、作事《さくじ》や普請に必要な材木や石材は周辺の古城・廃寺などから集められ、天守そのものは大津城天守を移築したと伝えられている。今日風に言えば、彦根城はリユースの城であった。

慶長九年の末には早くも鐘の丸が完成した。直政の嫡子直継《なおつぐ》は、さっそく佐和山城から鐘の丸の御広間に移っている。そして二年後の慶長一一（一六〇六）年頃、本丸に天守が完成し天守前に新たに御広間が建立されると、直継は鐘の丸から天守前の御広間に移って、ここを居館とした。天守前の御広間には台所や長局《ながつぼね》が付設されており、主だった家臣や侍女たちもここに詰めたようである。現在、御広間の建物は存在しないが、天守前の地面をつぶさに観察すると、御広間の礎石を確認することができる。御広間は、後期工事で山裾の広大な地に表御殿（彦根城博物館として復元）が建立されるまで、藩主居館としての機能を維持した。

こうして彦根城の築城が急ピッチで進む中、慶長九年七月一五日には徳川秀忠が築城見舞いの使者を派遣し、翌慶長一一年九月二〇日には家康が築城の様子を見分している。こうした家康・秀忠親子の支援もあって、築城は順調に進み、数年ののち城郭の主要部はほぼ完成を見るに至った。

慶長一九（一六一四）年、豊臣勢力の一掃を策した大坂冬の陣が、翌年には夏の陣が勃発し、彦根城の築城は一時的な中断を余儀なくされた。大坂の陣に出陣し活躍するのは、病弱の直継に代わった弟の直孝であった。大坂の陣後は、この直孝によって後期工事が再開される。後期工事は彦根藩単独で実施され、元和八（一六二二）年には、城廻りの石垣や高塀、諸門など過半ができあがったと伝えられる。

天守の前に広がる御広間の遺溝

彦根城の二つの正面

完成した彦根城は、内堀に面して五つの門が開いている。大手門・表門・裏門・黒門そして山崎門である。これらのうち、城の正面を意図して築かれたのが大手門と表門である。現在は石垣などしか残っていないが、かつてこれらの門には、内堀に接して外門の高麗門《こうらい》があり、その内を鈎《かぎ》の手に曲げて内門の櫓門が築かれていた。門の形式としては最強の枡形であり、彦根城の正面にふさわしい重厚な構えである。

彦根城に大手門と表門という二つの正面が築かれることになったのは、築城二〇年間に彦根城の縄張りが変更になった結果と考えられる。築城の間起こった大坂の陣後、彦根城は新たな時代に対応するために、早くも縄張りの変更が実施されたと考えられる。

まず、内堀の内側に配置されていた重臣屋敷が内堀の外などへ移動となり、代わって藩の施設が整備されていった。大手門脇にあった鈴木主馬《しゆめ》の屋敷は、主馬が直継とともに安中《あんなか》（現在の群馬県安中市）へ移封されるとともに城付米保管の米蔵に変容した。山崎門の内にあった木俣屋敷は表門の外に移った。同時に表門の内には、藩の政庁であり藩主の居館でもある表御殿が造営された。こうした一連の動きは、彦根城の正面が大手門から表門へ移行していく過程でもあった。

大手門は、築城当初に彦根城の正門として築かれた門である。大手門は城の西に位置しており、西国大名を意識して西の守りを固める意図があった。同時に、巡礼街道にも接続していた。築城以前、彦根山には観音信仰の寺として都にも知られた彦根寺が存在した。当時の絵図（「彦根古図」）を見ると彦根山に向う一本の道が描かれているが、これは彦根寺へ巡礼者が往来する道、巡礼街道である。この街道沿いには、そののち安土城・近江八幡城などが築城され、巡礼街道はこれらの城下をつなぐ道（下街道）として整備された。彦根城の築城当初、城の正面が巡礼街道（下街道）に向って開かれたのは、いわば当然であった。

やがて五街道の一つとして中仙道の整備が本格化すると、彦根城下と鳥居本宿・高宮宿をつなぐ道も整備され、城下に街道を引き込むように伝馬《でんま》町も生まれた。こうして彦根城の正面も南東の中仙道側に開き、表門が正門に移行したと考えられる。

彦根城の縄張り

城は、戦争によって発達した戦争のための軍事施設である。長い戦乱の時代を経て関ヶ原合戦以後に全国的な築城期を迎え、もっとも発達した城が各地に築かれた。

彦根城もその一つであり、荘重華麗な天守とそれを取り巻くように築かれた櫓や門、そして堀。いずれも堅牢な石垣によって守りを固めている。彦根城を縄張り、つまり城本来の軍事施設として見ると、彦根城の優れた機能が理解できる。まず、本丸にいたる前後には「大堀切《おおほりきり》」がある。大堀切は山の尾根を断ち切るように築かれた大きな空堀で、表方面は天秤櫓の外に、搦手《からめて》（裏手）は西の丸三重櫓の外に築かれている。現在は両堀切とも橋が架かっているが、この橋がなければ高い石垣を登らないと本丸方面に侵入できない。

彦根城の第一郭を描いた「御城内御絵図」(彦根城博物館蔵)

また、彦根城には、全国的にも珍しい「登り石垣」が五カ所に存在する。登り石垣は、秀吉が晩年に行った朝鮮出兵の際、朝鮮各地で日本軍が築いた「倭城《わじょう》」において顕著に見られるもので、高さ一～二メートルの石垣が文字どおり山の斜面を登るように築かれている。斜面を移動する敵の動きを阻止する目的で築かれた。国内では洲本城（兵庫県）や松山城（愛媛県）など限られた城にしか見ることができない。彦根城では、かつてこの石垣の上に、さらに瓦塀が乗っていたようである。

たいへん発達した縄張りとなっていたが、築城後まもなく到来した大平の時代のため、皮肉なことに一度も戦を経験することはなかった。長く続いた平和な江戸時代、彦根城は今日と同様にシンボルとしての役割を担い、天守をはじめ櫓などの建物は、彦根藩の各部署が所管する道具などが収納される「ものおき」に変わり、城内は数人の番兵が巡回するだけであったという。

明治維新を迎え、各地の城が旧体制の遺物として破壊されるなか、彦根城も例外ではなかったが、明治一一（一八七八）年の天皇の北陸巡幸の際、供奉《ぐぶ》していた参議大隈重信や地元の人々の熱意により、天守や櫓の一部の保存が決定した。

彦根城の城下町

彦根の城下町は、大規模な土木工事によって計画的に造られた町である。計画当初、城下は多くの渕や沼のある湿潤な土地が広がっていた。そのため、現在の安清町あたりから北上して松原内湖に注いでいた芹川（善利川）本流を、約二キロメートルにわたって付け替えて琵琶湖に直流させ、一帯の排水を良くした。また、現在の尾末町にあった尾末山を全山切り崩して周辺の低地を埋め立てたと伝えられており、こうした大規模な土木工事により城下町の計画的な地割が可能となったのである。

　完成した彦根の城下町は、三重の堀によって区画されていた。内堀の内側の第一郭は、天守を中心として各櫓に囲まれた丘陵部分と、藩庁である表御殿などからなる。

　内堀と中堀に囲まれた第二郭は、藩主の下屋敷である槻御殿《けやきごてん》（現在の玄宮楽々園）や藩校弘《こう》道館《どうかん》、家老など千石以上の重臣の邸宅が広がっており、「内曲輪《うちくるわ》」と称した。中堀と外堀の間の第三郭は、「内町《うちまち》」と呼ばれた区域で、武家屋敷と町人の屋敷が存在した。武士・町人あわせて居住しているが、居住地は明確に区分されており、堀に面した要所は武家屋敷と寺院で占められ、町人の居住区の大半はその内側に広がっていた。広い敷地を有する寺院は、一朝事ある時は軍事的役割も担っており、武家屋敷とともに外堀の防衛線を形成していた。一方、町人の居住区では、油屋町・魚屋町・桶屋町・職人町など職業による分化配置が見られた。築城当初、特定の職能集団が集住させられた結果であろう。

　外堀の外側は、第三郭の内町に対して「外町《そとまち》」と呼ばれ、町人の住居と足軽の組屋敷が広がっていた。重臣の広大な下屋敷が置かれたのもこの地域である。彦根藩の足軽は、下組（中藪《なかやぶ》組・池須町組）、善利《せり》組・上組（大雲寺組）、北組（切通組）、中組、鐘叩《かねたたき》町で構成されていた。足軽組屋敷は、城下町のもっとも外側に、城下を取り囲むように屋敷を連ねて、彦根城と城下町を守備する役割も担っていたのである。

明治以降、生活様式の変化とともに彦根の城下町も変貌するが、戦災を免れたこともあって町割りはほぼ江戸期の姿を留めており、要所に江戸時代以来の建物が存続している。城とともに城下町の姿を比較的良く残しているのも、彦根の大きな特色といえよう。

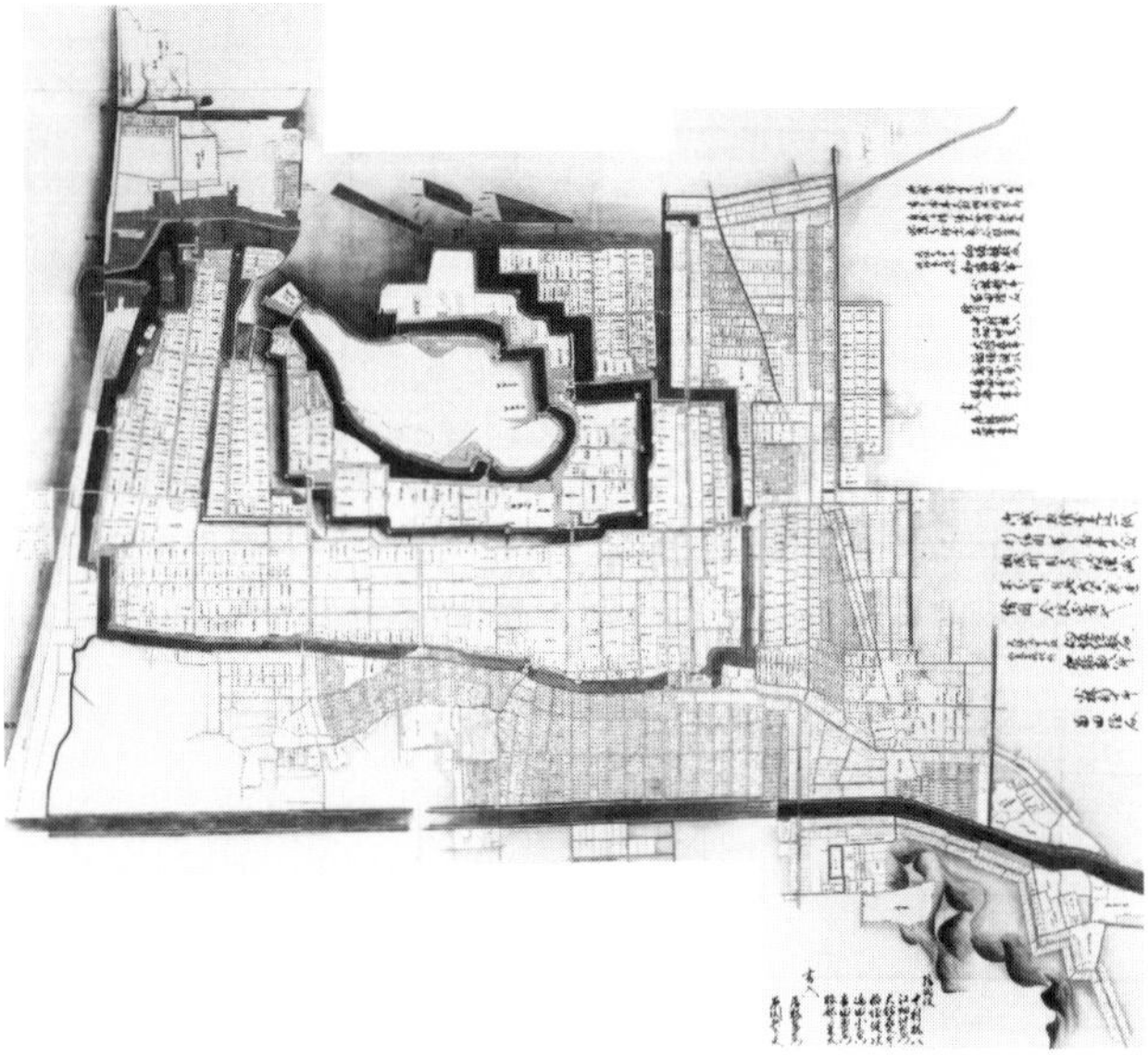

彦根城の城下町を描いた「彦根御城下惣絵図」（彦根城博物館蔵）

井伊家の歴史と彦根藩

井伊家は戦国期に遠江国《とうみのくに》井伊谷《いいや》（現在の浜松市引佐町《いなさ》）を中心に勢力をもった武士であり、井伊の姓はこの本貫地の地名に由来している。井伊家の始祖は平安時代中頃の共保《ともやす》に遡るという。その共保から二四代を数えるのが、彦根藩初代ともなる井伊直政である。

一五歳になった直政は浜松で徳川家康と対面し、以降、家康の近習《きんじゅう》として仕え、のちに徳川四天王と讃えられる活躍を見せた。家康の関東入封の際には、箕輪《みのわ》城、次いで高崎城（いずれも群馬県高崎市）に移り、先にも述べた通り、慶長五（一六〇〇）年の関ヶ原合戦の論功行賞により佐和山城を与えられた。

慶長七年に死去した直政の子直孝は、病弱の兄直継に代わって大坂の陣に出陣して大功を挙げ、二代を継ぐとともに五万石の加増を受ける。以後、二度の加増により都合三〇万石となり、徳川譜代の大名としては最高の地位と格式を得た。このほかに城付米として幕府から五万俵が預けられていた。

直孝時代に、幕府内の諸行事での彦根藩主の役割が定まり、以後代々の彦根藩主の役目となった。藩政面においても、藩の諸制度や法令の基礎が直孝の手によって整備され、後代の藩主の規範とされた。これら藩政の基礎を確立した多くの業績により、直孝は藩祖直政とともに井伊家の祖と仰がれた。

四代直興《なおおき》は、直孝の命により将来を約束されていた俊英であった。日光東照宮修築の総奉行をつとめ、彦根日光とも呼ばれる大洞《おおぼら》弁才天堂の建立、槻御殿の造営を行い、藩士の経歴を記した『侍中由緒帳《さむらいじゆうゆいしよちよう》』の編纂にも着手した。

一三代直弼《なおすけ》は、一一代直中《なおなか》の一四男として槻御殿に生まれた。父の死後は埋木舎《うもれぎのや》で不遇な日々を送っていたが、世子の病死により急遽江戸に呼ばれ、やがて藩主、そして大老にまで登りつめ、安政の大獄の断行・桜田門外の変による暗殺と波乱万丈の生涯を送った。

直弼亡き後、彼の跡目を継いで一四代になったのは、若干一三歳の直憲《なおのり》であった。直弼が亡くなって二年後、幕府で政変が起こる。その結果、新政権は直弼の行った条約調印と安政の大獄を批判し、その罪を直弼と彦根藩に負わせた。彦根藩は京都守護を解任され、一〇万石の領地が召し上げとなった。彦根藩でも新政権の動きを察知し、藩は直弼の側近であった長野義言《よしとき》や宇津木景福《かげよし》らをみずから処罰した。しかし、彦根藩に対する叱責の声が緩むことはなかった。以後、彦根藩は大坂湾の警備、大和の天誅組鎮圧、禁門の変、長州戦争など幕府の命じるままに次々と出兵して彦根藩の威信回復に努めた。

そして慶応三（一八六七）年一二月九日、「王政復古の大号令」が発せられ、二六〇年余の徳川政権に終止符が打たれようとする時、彦根藩は最後の大きな決断を迫られることになる。勤王か佐幕か、つまり新政府軍につくか幕府軍につくか。ここで彦根藩内の意見は二分するが、結局、勤王派の主張が佐幕派を圧倒する。譜代大名筆頭から勤王へという彦根藩のこの決断が、去就に迷う他藩に大きな影響を与えたことは言うまでもない。その後、彦根藩は、鳥羽・伏見の戦いに始まる戊辰戦争において、関東から東北方面にいたるまで、ほぼ全局面に参戦している。

井伊家そして彦根藩の歴史は、とかく大老井伊直弼の暗殺によって終焉を迎えたかのごとく語られがちである。しかし、直弼亡き後の苦難こそが、譜代大名筆頭としての格式を払拭させ、新たな時代に向けて舵を取らせることになったといえよう。

彦根城を世界遺産に

彦根城は、一九九二年に姫路城などとともに世界遺産の暫定リストに登載された。翌年、姫路城がいち早く世界遺産に登録されると、彦根城は苦境に立たされた。一つの国からは同種の遺産を登録しないという壁に阻まれたのである。以後、彦根城は、姫路城にはない資産の解明と整備に力を注ぐことになった。

彦根市では、二〇〇七年度になって企画振興部に世界遺産登録の推進担当を置き、〇九年度には同じ企画振興部に世界遺産登録推進室を設置した。一方で〇七年度に教育委員会に文化財部を新設し、両組織が両輪となって彦根城の世界遺産登録を推進する体制を整えた。現在、姫路城にはない新たなコンセプトとして「彦根城　近世大名の城と御殿」を検討している。

彦根城は、姫路城に顕著な天守や櫓などの城郭建造物のみならず、長く続いた戦国時代を経て発達してきた丸と曲輪、石垣や登り石垣、堀や堀切、切岸、土居などの多様な城郭構造物が巧妙に連結して、彦根山全体が日本の城郭史の到達点を示す軍事的防御施設を形成している。

日本の城郭は、長く続いた戦国時代を経る中で、さまざまな城郭建造物や城郭構造物を生み出しながら、やがて近世城郭として完成した。近世城郭を代表する天守や石垣などは城郭史の中では新しい建造物・構造物であり、逆に彦根城に存在する堀切や切岸《きりぎし》・土居《どい》などの構造物は、戦国時代の比較的早い段階に生み出されたもので、近世城郭ではあまり見ることのなくなった城郭構造物である。完成した近世城郭の中に古い城郭構造物が温存され、それらが新しい構造物や建造物と巧妙に連結している姿は、日本の城郭史を物語る上で「顕著な見本」ということができよう。

こうして完成した彦根城であったが、その後に到来した武家政権（幕藩体制）による二六〇年余の平和の中で、一度も戦争を経験することはなかった。しかし、だからと言って城を破壊することはなく、「武威の象徴」、つまり武家政権を象徴するものとして、幕末に至るまで修理を重ねて維持されたのである。

一方、平和な武家政権の下で重要な役割を担うようになるのが御殿である。彦根には性格の異なる三つの御殿（表御殿・槻御殿・浜御殿）が存在し、「権威を演出する舞台」として彦根藩の儀礼や政務を行うとともに、御殿に設けられた能舞台・茶室・庭園などを用いて「大名文化」が醸成された。

以上のようなコンセプトによる単独登録の手法とともに、松本城・犬山城などと協同で世界遺産を目指そうとする方策についても同時に検討している。松本城の音頭により〇七年度に推進会議の準備会を発足させて、検討を重ねている。本書は、その成果の一冊でもある。

近年、彦根ユネスコ協会の設立に伴う活動や、城下町の町並み保存団体の活動など、世界遺産登録に向けた市民の意識は確実に高まっている。こうした市民の支援を受けながら、一歩ずつ着実に世界遺産登録への道を歩んでいきたいと考えている。

空から見た彦根城

平城で五重六階をもつ唯一の天守　松本城の歴史と保存

後藤芳孝
桑島直昭

一　深志から松本へ――築城前史

松本の風景

狂歌の四天王の一人である狂歌堂（鹿都部《しかつべの》）真顔は松本の景色を次のように詠んだ［註1］。

立て廻す　高嶺は雪の　銀屏風　中に墨絵の　松本の里

東に美ヶ原《うつくしがはら》高原、西に日本アルプス、山肌に白いものをまとう高い山々に囲まれた盆地に浮かびあがる冬の松本の町の姿を見事に詠っている。その中心に松本城がある。日本アルプスを遠景にして凛としてたつ城は、築城以来変わらない美しい姿を四季おりおりに見せる。

東の美ヶ原山地から流れ出す薄《すすき》川・女鳥羽《めとば》川、西の穂高連峰から流れ下る梓川、木曽に源を発する奈良井川など、信濃川に連なる幾多の河川が松本の町で合流する。これらの河川が運んだ土が扇状地をつくり、地下に水がめが形成され豊かな地下水を生んだ。反面、これにより松本の町が立つ地盤は軟弱であるといわれている。

深志と小笠原氏

松本の地は「深志」あるいは「深瀬」と呼ばれていた。この地が扇状地の末端部分にあり、河川が入り乱れ湿地が多かった土地の景観からきたものである。

平安時代後期に松本市東部に信濃国府が移転してきた頃から、深志は信濃国の中心としての役割を果たすようになった。鎌倉時代には信濃守護北条氏が領地をもち、南北朝期には後醍醐天皇が派遣した国司が入り、政治の拠点として機能した。そして信濃国の府中という意味で「信府」とも呼ばれた。

南北朝期に信濃守護となった小笠原氏は、信濃国南部の下伊那と深志に家を分けて定着した。深志に入った小笠原氏は館を深志南方の井川に築き、この地方の中心的な武士に成長していく。下伊那と深志の小笠原氏は互いにその勢いを競い合うが、深志の小笠原氏が下伊那の小笠原氏を圧倒し、のちに九州小倉十五万石の大名に成長していく。

深志の小笠原氏の館は、現在の松本城付近ではなく、市街地の南部にある湧水地の井川（松本市井川城）にあった。一五〇年間ほどこの地に拠点を置いていた小笠原氏は、戦国時代前期に井川の東方にある林（松本市里山辺）に山城を構えて移るが、武田信玄が甲斐（山梨県）から信濃へ侵攻すると、天文一九（一五五〇）年小笠原長時は林を追われて信濃を離れた。

深志の城

現在の市街地の北部深志の地には、古くから地方統治の拠点の役所である国衙《こくが》にかかわって勢力をもっていた武士がいた。鎌倉時代には深志介《ふかしのすけ》を名乗る者がいて、鎌倉幕府滅亡期に北条方として松本近辺で戦っている。その後小笠原氏が井川に入って、北部を治めるため坂西《ばんざい》氏を深志の地に置いた。坂西氏がいた場所は明らかではないが、現在の松本城近辺であったと推定されている。

小笠原氏が林に城を移した時、井川の館には小笠原氏の一族の島立氏が入り、しばらくそこにとどまった。永正一〇（一五一三）年に島立氏は井川から深志へ移り、深志城を造ったと伝えられている。その後、武田信玄は林城から小笠原氏を追うと、深志城に入って北信濃の攻略の拠点にした。この時以来、深志がこの地域の中心地となる。武田氏時代に城郭としての整備が進むとともに、城下町として発展する基盤も整えられていったと思われるが、その具体を明確にできる史料は少ない。

二　松本城の築城

小笠原氏の「松本」命名と城下町建設

天正一〇（一五八二）年、織田信長によって武田氏が滅ばされ、その信長も本能寺の変で倒れると、信濃は北の上杉、南の徳川、東の北条という強力な勢力の草刈り場となった。その間隙を縫って先祖の地深志を回復したのは、父長時同様諸国を流浪していた小笠原貞慶《さだよし》であった。貞慶は父親の代まで培われていた縁をたよって深志近辺の武士を懐柔し、首尾よくこの地に復帰すると、深志を「松本」と改めた。

貞慶は軍事力による周囲の平定と城下町の形成に力をいれた。江戸時代の中頃、時の城主であった水野氏が編纂させた地誌『信府統記《しんぷとうき》』には、貞慶が行ったこととして「三ノ曲輪縄張シテ、塹ヲホリ土手ヲ築キ、四方ニ五ヶ所ノ大城戸ヲ構ヘ、南門ヲ追手ト定メ」とある。貞慶は堀を掘り土塁を築き現在の三の丸の内にあたる地域を城郭として整えていくと同時に、城下町の建設にも力を注いだ。

貞慶は上杉・徳川・北条といった周囲の強力な勢力の間にあって、巧みに地盤を安定させていった。しかし、秀吉の小田原攻めが成功し、徳川家康の関東移封が行われると、それにともない貞慶は天正一八（一五九〇）年下総古河へと移される。

石川氏の天守普請

秀吉は小笠原氏のあとに石川数正を松本へ封じた。秀吉の狙いは江戸へ移動させた家康を意識した防御ラインの構築にあったという。数正・康長父子は松本へ入ると小笠原貞慶が取り掛かっていた城郭化をさらに進め、天守の建築に手を染めた。『信府統記』はそれを「父康昌（数正）ノ企テル城普請ヲ継、天守ヲ建、惣堀ヲサラヘ、幅ヲ広クシ、岸ノ高クシテ石垣ヲ築キ、渡リ矢倉ヲ造ル、黒門・太鼓門ノ門楼ヲ立、屏ヲカケ直シ、三ノ曲輪ノ大城戸五ヶ所共ニ門楼ヲ造ル、其外矢倉々々惣屏大方建ツ」と記す。

上：松本城全景（二の丸南西方向より）　下：松本城全景（本丸東方向より）

大天守一階内部

天守の建築について明確に建築年代を記した史料は残っていないため、諸説が発生する余地がある。松本市では一九九〇年、金井圓《まどか》東京大学教授を座長とする七名の有識者による「松本城築造年代懇談会」を設け、研究史や文献・口碑や建造物・遺構・遺跡など諸資料を検討して築城年次の解明にあたった。結論は「年代を確定するだけの根拠を見出すことができませんでした。しかし、これまで入手した史料から考察する限り、文禄二年に着工された可能性が高く、文禄三年には作業中であったと考えられ、文禄四年には竣工していた可能性があり、続いて城下町の経営に力がむけられたと考えられます」というものであった［註2］。これにより、天守は文禄二（一五九三）年～文禄三（一五九四）年頃完成というのが、現在の松本市の公式な見解となっている。

現在国内に残る十二の江戸時代の天守の多くは平山城であるのに対して、松本城は、先に述べた扇状地地形の上に築城された平城である。堀の水の確保には不自由しないが、地盤は弱い。石川氏はこれを考慮して天守の建築に地盤対策を施した。天守台の下に現在のパイル工法のように五メートルの栂《つが》材を一六本埋め込み土台支持柱として天守の重量を支え、石垣の堀側には材を筏のように並べて、その上に石垣を積んだ（筏《いかだ》地形）。これらは現在堀の水面下にあって目に触れることはないが、軟弱な地盤にそなえた工夫であるといわれている。

天守は五重六階、乾《いぬい》小天守は三重四階、それを渡櫓が繋ぐ構成である。そこに、次に述べる辰巳附櫓と月見櫓が複合し、連結複合式と呼ばれる天守群の配置になった。

縄張は、「総堀」で囲った東西五八〇メートル南北六七五メートルの逆台形状の内部で、土塁上には塀をめぐらせてある。三の丸内には武家屋敷が配置され、さらに内側には「外堀」を掘りその内部を二の丸とした。二の丸には御殿二棟と蔵などを置いた。「内堀」は天守の南面に広がり、北側では外堀とつながる。内堀に囲まれた部分が本丸で、天守と御殿があった。城郭への入口は五カ所、南を枡形の大手門とし、他の四つの口はいずれも馬出を伴う楼門であった。城郭の周囲に城下町を配したが、城下の北部には三の丸内に収まりきれない武家住宅を拡張し、南方と東方に「親町三町枝町十町二四小路」と呼ばれる町人地を配した。武家地や町人地は歴代城主が充実に努め、水野氏の時代に完成をみた。現在も道筋にその名残をよく留めている。

松平直政による月見櫓増設

寛永一〇（一六三三）年に越前大野（福井県大野市）から松本へ入った松平直政は、大天守の南東側に辰巳附櫓と月見櫓を増設した。この二棟は戦乱の時代が終わってからの建物であるため、戦闘用の備えが簡略化されている。特に月見櫓は三方を舞良戸*で囲み廻縁をつけ、さらに朱塗りの刎高欄*をつけるといった瀟洒な造りであって、まさに元和偃武後の平和になった時代を象徴している。

この建物が付随することで、松本城天守は、戦いに備えての大天守・渡櫓・乾小天守の建築と、平和な時代の辰巳附櫓と月見櫓の建築とが、見事に融合する建物となった。

舞良戸（まいらど）
舞良子（まいらこ）という細い桟を等間隔に並べて取り付けた引き違い戸。

刎高欄（はねこうらん）
高欄の形式で、横材の架木（ほこぎ）の先端部分が反っているもの。

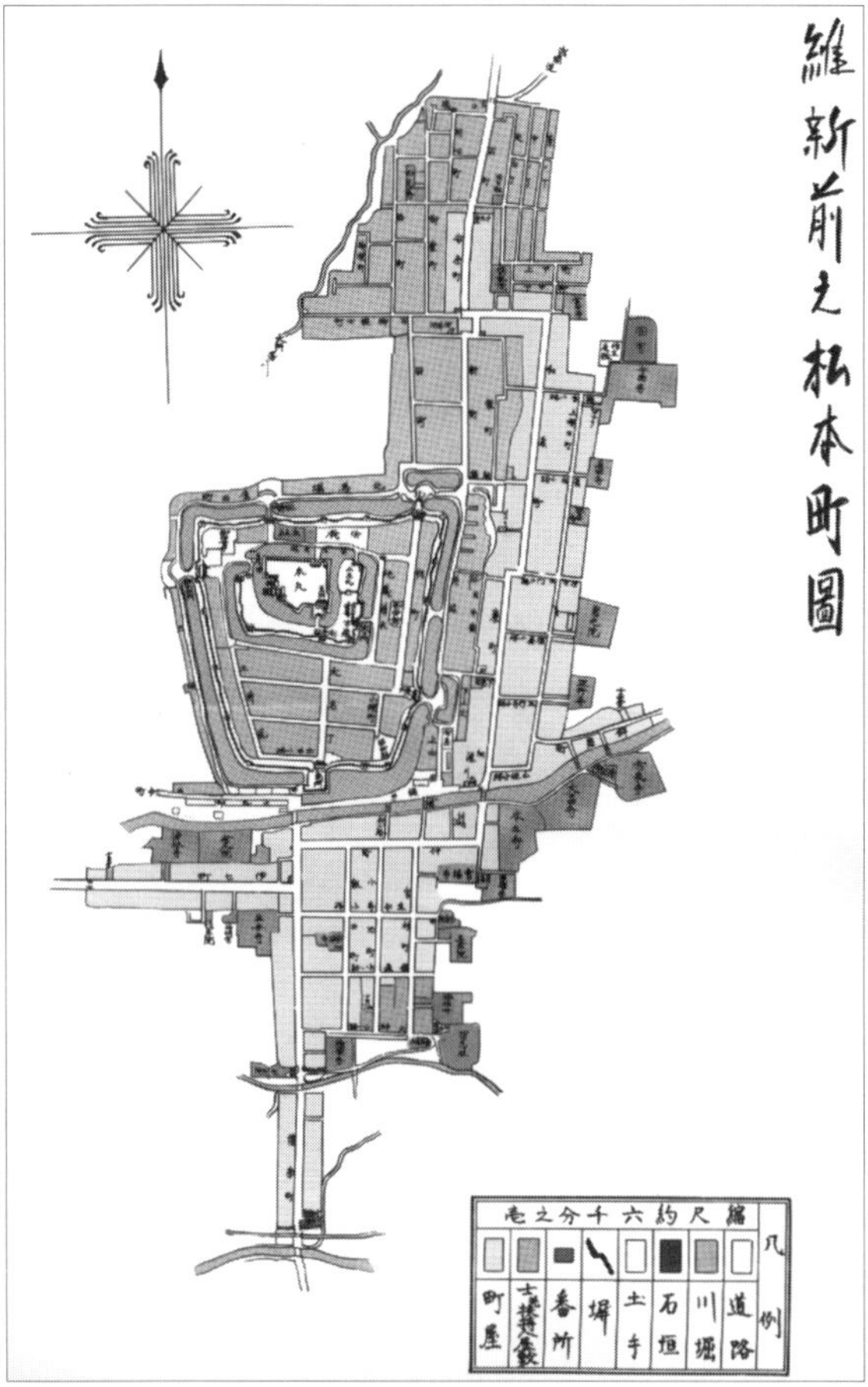

松本の城下町　昭和８年版『松本市史』付図

月見櫓と辰巳附櫓

城主	年代	名	主な出来事
石川氏	文禄元（1590）～慶長18(1613)年	数正・康長	秀吉の命により和泉国から8万石で入封天守築城｜関ヶ原の合戦では家康方｜大久保長安事件に連座し改易・流罪
小笠原氏	慶長18～元和3（1617）年	秀政・忠真	信州飯田から8万石で入封｜大坂夏の陣で秀政・忠脩父子戦死｜明石へ10万石で転封以後小倉へ15万石で移封
戸田氏	元和3～寛永10（1633）年	康長・康直	上州高崎から7万石で入封｜武家地を城下町北部に拡大｜明石へ7万石で移封以後、美濃加納・山城淀・志摩鳥羽と移動し再び松本へ
松平氏	寛永10～同15（1638）年	直政	越前大野から7万石で入封｜辰巳附櫓・月見櫓等増築整備｜出雲松江へ18.6万石で転封
堀田氏	寛永15～寛永19（1642）年	正盛	川越から10万（内松本は7万）石で入封｜三代将軍家光寵臣｜下総佐倉へ11万石で転封
水野氏	寛永19～享保10（1725）年	忠清・忠職・忠直・忠周・忠幹・忠恒	吉田から7万石で入封｜家康生母於大方の実家筋｜城下町の形が固まる｜忠恒が江戸城内で刃傷事件を起こし改易（一時期城は幕府が収公）以後、沼津で復活5万石
戸田氏	享保11（1726）～明治2（1869）年	光慈・光雄・光徳・光和・光悌・光行・光年・光庸・光則	鳥羽から6万石で入封｜版籍奉還まで統治｜統治期間は143年で歴代のなかでは最長

歴代城主一覧

三　徳川氏とゆかりが深い松本城主

松本城主は、深志城の前身時代に坂西氏、深志城となってから島立氏・武田氏、松本城と改名してから小笠原氏と続いた。松本城天守が建築されて以降は、石川氏・小笠原氏・戸田氏・松平氏・堀田氏・水野氏・戸田氏である。

譜代大名が城主として配置され、なかには親藩大名で松平直政がいた。これら各城主家と徳川家康との関係は深いものがあり、たとえば水野家は、家康生母於大が出た家筋である。初期の城主は入れ替わりが激しく統治期間も短かったが、水野氏以降、長期に在任するようになった。松平直政の代までで主な城郭整備は整い、以後は維持が重点事項となった。城下町の形が完成をみるのは水野氏の時代であった。

四　市民が支える松本城

松本城を買い戻した市川量造

明治四（一八七一）年七月、廃藩置県により松本藩は松本県となり、二の丸御殿に県庁を置き、大参事稲村寧が旧藩六万石の地域を管轄した。同年一一月に松本に筑摩《ちくま》県が新設され、城下のほか筑摩・安曇・諏訪・伊那・飛騨国一円を管轄することになり、最初の筑摩県参事永山盛輝が赴任した。

松本城大守及び本丸は、廃藩置県とともに兵部省の管轄となり、天守以下城郭の門・櫓・塀などは競売に付された。このうち天守は二三五両一分永一五〇文で笹部六左衛門によって落札された。

この天守の落札を憂いた市川量造（松本下横田町副戸長）は、なんとかして郷土の文化遺産を保存しようと立ち上がり、買主に破却の猶予を乞い、その買収資金を集めることにした。また、永山参事に一〇年間の破却延期と博覧会開催の場所として旧本丸の貸与を願い出て、明治六（一八七三）年にその許可を得た。市川量造は東京・京阪を奔走して資金をつのり、松本博覧会社を設け、同年一一月に天守をつかっての博覧会開催にこぎつけた。以後明治七・八年と開催を継続し、計五回開いてその収入をもとに天守建物を買い戻し、天守を破却から守った。今日まで天守が保存されたのは、市川量造の見識とその尽力によるものである。

明治の大修理を遂行した小林有也

二ノ丸にあった古山地御殿跡の敷地には、明治一八（一八八五）年長野県立中学校松本支校の新校舎が落成した。これがのちの県立松本中学校で、初代校長は小林有也《うなり》である。小林は明治一七（一八八四）年に赴任してから大正三（一九一四）年六〇歳で没するまでの二九年間、松本中学校校長として在職し、名校長としてその名が高い。

明治三五（一九〇二）年に、本丸跡を使用していた松本農事協会試験場が松本中学校運動場となった。天守の荒廃を嘆いていた小林校長は、これを機会に松本町長小里頼永《おりよりなが》らと天守閣保存会を設立した。彼は寄付金募集に務めるとともに、明治三六（一九〇三）年一〇月から修理工事を始め、途中日露戦争をはさんで大正二（一九一三）年に完成をみた。その費用は、松本市の出資金三七〇〇円をはじめ、旧松本藩関係者、松本町内外の篤志家の援助を含め、判明するだけで、二万円余りに及んだ。

資金の調達や工事の監督に小林校長の尽力は極めて大きく、それが市川量造とともに小林が天守保存の恩人と称される所以である。この二人の尽力の背景には、二人の意思や行動を理解し支えた松本市民の力も大きかった。明治以降松本城は市民の力によって維持保存されてきたといっても過言ではない。

その後、昭和五（一九三〇）年、城域は「史蹟名勝天然記念物保存法」により史蹟になり、昭和一一（一九三六）年「国宝保存法」により松本城天守が国宝に指定された。

昭和の修理とその後の史跡整備

明治時代に、市川量造や小林有也らの尽力と市民の支えによって破却をまぬがれ守られてきた松本城天守も、年月の経過とともに破損が進んできた。

昭和二一（一九四六）年秋、連合国軍最高司令官総司令部民間情報局美術顧問チャールス・エフ・ギャラガーが、長野県内に文化財保存状況調査のため訪れ、松本城を詳細に視察した。その結果、解体修理の必要性を認め、文部省当局に対して速やかに着工するよう勧告した。そして、昭和二五（一九五〇）年～三〇（一九五五）年にかけて文部省の直轄工事第一号として解体修理工事が行われた。

その後、城域内の復元整備事業が進められた。昭和三五（一九六〇）年松本城黒門枡形の復元（復興）、昭和四三〜四五年太鼓門台の復元、昭和五四〜六〇年二の丸御殿跡発掘及び史跡整備、一九九〇年黒門枡形二の門と袖塀復元、一九九六〜一九九九年太鼓門枡形復元、二〇一〇年に松本城西総堀土塁跡を史跡整備、そして、大手門枡形周辺整備や南・西外堀復元事業へと継続され現在に至っている。

五　世界遺産登録は市民の願い

一九九三年一二月、松本城では築城から四〇〇年目の節目として「国宝松本城四〇〇年まつり」が開催された。この年は姫路城が世界文化遺産に登録された年でもある。

松本には「松本古城会」［註3］という、松本城をこよなく愛する人々で組織された市民団体がある。市民サイドから松本城の保存・活用に積極的にかかわってきた歴史をもつ会である。その会の中に、四〇〇年まつり以後の運動として松本城も世界遺産登録を目指そうという機運が生じ、一九九七年一〇月の同会定期総会において、「松本城の世界遺産登録に向けた運動の取組み」を進めることが正式に決定した。

松本古城会の神沢邦雄会長（当時）は、「松本城を世界遺産として残すことは私たちの責務であり、市民運動として盛り上げたい。市も積極的に取り組んでほしい」という思いで、翌年七月に松本市・松本市議会に陳情し、次の三点を要望した。

①世界遺産の登録を目指すことを市の総合計画で明確にすること

②城の特別史跡指定の早期実現

③行政と市民が一体となった推進運動の展開

その後同会は活動を広げ、二〇〇〇年四月に林田文化庁長官を訪問し、世界遺産や特別史跡に向けた意見交換を行い、取り組みを積極的に進めた。

一方、松本市は市民サイドからの動きを汲んで、二〇〇一年七月に「国宝松本城を世界遺産に」推進実行委員会（以下実行委員会と呼ぶ）を発足させた。設立趣旨書には「先人の努力で保存されてきた松本城を次世代に伝えることは、私たちの責務。恒久的保存と松本の歴史文化を世界へ発信することが求められている」とある。松本市や市教育委員会、松本古城会、松本商工会議所のほか、市内の経済・文化・ボランティア団体等五七団体が実行委員に加わった。

二〇〇二年一月には、実行委員会主催で「国宝松本城セミナー　世界遺産をめざして」を開催。日本イコモス国内委員会理事の講演会やシンポジウムを実施し、多くの市民の参加を得て盛り上がりをみせた。そこでは「松本城の環境保全・整備や新たな松本の文化創造に立ち上がろう」といった「国宝松本城を世界遺産にアピール」が採択された。

実行委員会は、約五〇〇点の応募作品からPR用シンボルマークを決定し、市民から後世に伝えたい松本城下町の風景を募集し、『松本城下町十景』という冊子を発行して、松本城関係の文化財の保護活動の啓発や、世界遺産登録実現を目指したPR活動を行った。

二〇〇六年九月、文化庁は世界遺産暫定一覧表への追加資産について、各都道府県・市町村から提案を募集した。松本市は長野県と共同で暫定一覧表に国宝松本城を載せるよう提案書を文化庁に提出したが、継続審議案件となった。二〇〇七年一二月、再提案書と検討状況報告書を提出し、「姫路城を中心とした日本の近世城郭群」での登録の可能性について研究を進めることを報告した。この報告は二〇〇八年九月、文化庁文化審議会文化財分科会世界遺産特別委員会で「主題に関する調査研究を行い、一定の方向性が見えた段階で準備を進めるべきもの」[註4]に該当するという審議結果となった。

この審議結果を受けて、松本市では、現在、国宝四城近世城郭群によるシリアル・ノミネーション(連続性のある資産)での世界遺産登録を目指した研究を彦根市・犬山市とともに継続して行っている。そこでは、日本の城郭の政治上での特性や建築上での特徴を、天守に絞り込むことによってより明確に世界にアピールすることができるという方向性がクローズアップされている。

ここで実行委員会の近年の活動からいくつかを紹介する。一つ目は、小学生に向けた「松本城クイズ」や、城下町の古絵図をジグソーパズルにした「松本城下町パズル」の学校への出前

実行委員会子ども向け事業「松本城クイズ」

実行委員会事業・稲葉信子氏講演会

実行委員会事業・世界遺産先進地視察、姫路城

授業である。また、親子で問題を解きながら実際に城内をめぐる「ミステリーツアー」の企画も好評である。授業を受けた子どもたちが家族といっしょに松本城を訪れ、自慢げに城の説明する姿を見かける。将来の松本城を支えていく子どもたちに、松本城や城下町松本をより理解し愛着を深めてもらう活動は、未来への投資である。

市民向けにはシンポジウムや講演会を開催し、世界遺産への関心を高め最新情勢を知ってもらう活動をしている。また、先進地視察・交流も実施し、国宝四城間の交流推進や登録を目指す都市を視察・訪問して、市民レベルでの交流事業を進めている。世界遺産にかかわる松本の運動は、まさに明治以降脈々と流れている市民の手による松本城の保存活用の流れを引き継いでいる活動である。

註

1 狂歌碑は松本市深志三丁目にある深志神社境内に文政九（一八二六）年に建碑。現存する。

2 「国宝松本城築造年代懇談会答申書」（一九九〇年）より。懇談会の委員（答申時）は、金井圓・平井聖・服部英雄・中川治雄・高山三千彦・倉科明正・大池光。

3 国宝松本城の保護、保全文化遺産の啓発などに尽力している団体。昭和四一（一九六六）年一一月に、松本城保存会と松本城二十六夜会が統合して発足。松本城を守る唯一の市民団体として、清掃や見回り、記念碑の建立、樹木の植栽など環境整備に努めている。一九九三年七月文化庁長官表彰、同年一〇月に文部大臣表彰を受ける。

4 「カテゴリーⅠb」という分類。

参考文献

『松本市史』（全五巻）松本市、一九九八年
『新編信濃史料叢書』第五・六巻「信府統記」信濃史料刊行会、一九七三年
『国宝松本城』（解体・調査編）松本市教育委員会、一九五四年
金井圓『近世大名領の研究』一九八一年

三度の戦いを生き抜いた城　犬山城の歴史と保存

川島　誠次

一　犬山城の築城と城主の変遷

木ノ下城から犬山城へ

犬山城が築城される前、この地域には犬山城から南へ約一キロメートルの位置に木ノ下城があった。木ノ下城が築城された時期は、尾張は守護である斯波《しば》氏が衰え、かわりに各地で勢力を蓄えた守護代の織田氏の一族によって北側を岩倉、南側を清須を中心として二分されている状況にあり、不安定な情勢が続いていた。

現在の犬山市域は、当時、織田広近が小口城《おぐちじょう》（愛知県丹羽郡大口町小口）を本拠地として尾北地域を支配しており、岩倉織田氏の北部の拠点となっていた。広近は木曽川をはさんで接する美濃国への備えとして、木ノ下城を築いたとされる。

その後、対立が続き尾張の統一は進まなかったが、このような状況から尾張を統一に向かわせたのが、織田信長の父信秀である。信秀は他の守護代家を圧倒して勢力を拡大させた。信秀は尾張の南側に拠点を置いていたが、清須方、岩倉方の枠組みを越えて、勢力を拡大させつつあった。その中で天文初（一五三二）年頃に、信秀は次弟の信康を木ノ下城に送り込み、信康は美濃国への備えとして、犬山城に城郭を移したとされる。犬山城築城は天文六（一五三七）年といわれている。

美濃国と接する位置に犬山城という拠点を得た信秀は、美濃への進攻を進めるものの失敗が続き、天文一三（一五五四）年頃に行った稲葉山城攻撃では、従軍した信康は敗死している。その後、信康の子の信清が犬山城主となった。

織田信長の尾張統一と美濃攻略

天文二一（一五五二）年、織田信秀の死により家督を継いだ信長は、不安定な情勢であった尾張の統一を推し進め、永禄元（一五五八）年には犬山城主であった織田信清と結んで当時尾張の中心地の一つであった岩倉織田氏を攻め、翌永禄二年に追放した。尾張統一を目前にした信長は、美濃攻略についても進めつつあったが、犬山城主の信清が美濃と結んで信長に敵対するようになった。加えて、犬山城の支城として黒田城（一宮市木曽川町）、小口城が属していたとされ、この段階で、犬山城は尾北地域の拠点として小口城を凌駕していたといえる。

永禄六年、小牧山に拠点を移した信長は、美濃攻略を見据え、尾張の統一も進める。永禄八年、信長は犬山城を攻めるため黒田城主、小口城主を引き入れ、また犬山城の東側にある瑞泉寺《ずいせんじ》を陥れるなどして信清を孤立させ、敗走させた。その結果、信長は美濃攻めの拠点を得るとともに、尾張の統一も果たした。

その後、犬山城には丹羽《にわ》長秀が城主として入り、木曽川対岸から美濃を攻める拠点となる。永禄一〇年、信長は稲葉山城を攻めて斎藤龍興《たつおき》を追放し、美濃攻略も果たした。

美濃を領有した信長は、元亀元（一五七〇）年、池田恒興《つねおき》を犬山城主とするなど、有力な武将を置いた。これにより、犬山城は犬山地域を中心とする尾北から木曽川対岸の東濃地域にかけて、武田氏への備えとして、軍事的に重要な役割を果たすことになる。

小牧・長久手の戦いと犬山城

天正一〇（一五八二）年におこった本能寺の変により織田信長・信忠父子が没した後、羽柴秀吉（のちの豊臣秀吉）がいち早く明智光秀を倒すと、織田家の後継者を決める清須会議を主導し、実質的な信長後継者となった。清須会議の結果、信長の次男である信雄《のぶかつ》が尾張を治めることとなり、その家臣である中川定成が犬山城主となる。

その後、信長の三男信孝と柴田勝家との戦いに勝利した秀吉は、天正一一年に大坂を本拠として大坂城の築城を始めた。織田家家臣中に対抗しうる勢力がなくなり、着実に天下統一を進める秀吉と、織田家の実質的後継者を自認する信雄との対立は決定的なものとなり、天正一二年、小牧・長久手の戦いがおこった。

緒戦は伊勢で展開され、犬山城主中川定成は信雄に従い、伊勢に出陣していたため守備が手薄になっていたとされている。その隙を突いて、秀吉側についた池田恒興と森長可《ながよし》は犬山城を攻め落として占拠した。

池田恒興の犬山城攻略により、秀吉は尾張を攻める拠点を得ることができたため、大坂城より大軍を率いて犬山城に入城した後、現在の犬山市域の南にある楽田《がくでん》城を本陣として、小牧山に本陣を構える信雄・徳川家康連合軍と対峙することとなった。戦いは長久手や伊勢などで展開された後、信雄が秀吉と単独講和を結ぶことにより終結し、尾張は信雄が領有することとなった。

織田信雄の支配と統治体制の編成

小牧・長久手の戦い以降、信雄は清須城に入り、検地の実施など知行制の再編・強化を進め、尾張の支配制度の再整理にあたった。その結果、家臣の伝統的地域支配に任せていた支城の在り方が整理された。犬山城は立地的な条件から清須城に次ぐ尾張第二の城として重要性を強め、信雄の近臣の一人である土方雄良《ひじかたかつよし》が城主として入り、信雄の尾張支配を支えた。

天正一八（一五九〇）年、小田原の北条氏を攻め、天下統一を成し遂げた秀吉は、織田信雄を改易し、甥である豊臣秀次に尾張支配を任せ、秀次の実父である三好吉房が犬山城主となった。この時期、秀次は秀吉の後継者としての地位が期待されるなど、重要な立場にあった。

また、天正一九年には吉房の二男で秀次の弟である豊臣秀勝が岐阜城主となり、清須、犬山、岐阜と濃尾平野一帯を秀次一族が治めることとなり、犬山城の重要性は一段と高まった。

しかし、文禄二（一五九三）年、豊臣秀頼が誕生すると後継者をめぐって秀吉と秀次との関係は微妙なものとなり、文禄四年、秀次は謀反の疑いをかけられて高野山に追放され自刃し、犬山城主であった吉房も連帯責任を問われて讃岐に流罪となった。

豊臣武将の支配と関ヶ原の戦い

石川光吉は天正一八（一五九〇）年以来木曽代官を務め、京都への木曽材の運搬に携わっていた。秀次が失脚した後、福島正則が清須城に入り、犬山城には光吉が入った。光吉が犬山城主になったことは、犬山の地が木曽支配に便利で、木曽川による材木運搬ルートの要所であることを物語っている。また、光吉は犬山から木曽川沿いに一五キロメートル上流にあり、木曽切り出し材木筏の中継基地であった、美濃金山《みのかねやま》の管理も委ねられることとなった。この時代には、徳川家康が関東に移されて東海地方は豊臣政権の直接支配下に入っており、犬山の軍事的な意味よりも、木曽材を搬入するルートの確保など中央に直結する流通支配や、秀吉直轄地の管理など経済的側面が重要視された結果であるといえる。

慶長三（一五九八）年、秀吉の死去により、家康ら五大老が秀頼を後見し、石田三成ら五奉行と合議の上で政権が運営されることとなった。朝鮮出兵の軍役を免れ、関東の領国経営も安定していた家康は、大名間の対立を利用し、勢力を拡大させていた。

慶長五年、家康は城郭修築など領国経営を強化する上杉景勝に謀反の疑いをかけ、本拠地である会津を攻めるため関東に下っていた。それに対し、家康を糾弾する石田三成らが挙兵した。戦いは九月一五日に関ヶ原で決着を迎えるが、家康に従った武将の多くは尾張以東であったため、濃尾国境地域が東西軍勢の前線となり、その前哨戦が行われた。

犬山城主の石川光吉は、石田三成率いる西軍側につき、稲葉貞通《さだみち》・典通《のりみち》親子、竹中重門、加藤貞泰ら美濃衆とともに犬山城に立てこもっていたが、早い段階で東軍に内応していたとされ、西軍側についていた岐阜城が陥落すると、戦わずして開城し、東軍に降った。犬山城開城の後、関ヶ原に向かった光吉は、西軍の武将大谷吉継の陣に赴いていたことから改易された。

尾張藩の成立と犬山城

慶長五（一六〇〇）年の関ヶ原の戦い後、駿河から尾張にかけての豊臣系大名が西国に移され、東海道諸国は徳川氏が支配することとなった。清須城主として家康の四男松平忠吉が入り、忠吉を支える筆頭家老として、犬山城主となったのが、小笠原吉次である。忠吉は吉次の支えを得て、尾張の支配を安定的に進めていたが、慶長一二年、二八歳という若さで病死した。

その後、尾張には忠吉の弟で家康の九男である徳川義直が入った。義直は当時まだ八歳であったため、それまで傅役《もりやく》として義直に付き従っていた平岩親吉《ちかよし》が犬山城を与えられて清須城に入り、義直に代わって尾張支配を任された。この時期には、大坂に豊臣秀頼がいたため、西国に対する押さえとして重要な尾張を支配下に置き、慶長一五年に名古屋城の築城を開始するなど、尾張藩の基礎固めが行われつつあった。関ヶ原の戦い以降、豊臣氏が滅亡するまでは、東海地方は徳川氏が治め、大坂城の豊臣秀頼や西国の外様大名に対する押さえとして、関東地方からの重要な拠点となり、犬山城は軍事的重要性が再び増大した。

成瀬正成の犬山城拝領

平岩親吉は慶長一六（一六一二）年、七〇歳で没する。その翌年の慶長一七年、慶長一二年より義直の傅役を務めていた成瀬正成が、竹腰《たけのこし》正信とともに尾張執政という役目を仰せ付けられた。正成は幼少より家康に仕え、小牧・長久手の戦いにて戦功を立てて以来、頭角を現し、家康の生前中は尾張執政と駿府老中の両役を兼ね務めていた人物である。元和二（一六一六）年、家康の死去にともない、駿府老中としての役目は終わり、元和三年、江戸幕府二代将軍徳川秀忠より犬山城を拝領した。正成の拝領以降、九代にわたり明治維新に至るまで尾張藩付家老である成瀬氏が犬山城主を務めることとなった。このように、犬山城主の交替は、尾張支配者（国主）の交替と密接に関連している。八〇年あまりとはいえ、全国統一が進められやがて完成するこの時期に、尾張国主は織田氏、豊臣氏から徳川氏へと変遷し、絶えず中央政権が支配に関わっており、中央政治の動向が直接尾張に反映している。それは、尾張が東西を結ぶ要衝に位置しているためであると考えられる。そうした時代に、犬山城主には尾張国主が最も信頼する人物が置かれるようになり、やがて尾張第二の城下町へと発展する素地が形作られたのである。そして、織豊期及び近世初期に形成された犬山城の軍事上、経済上の重要性は、東西の要衝に位置する大藩となった尾張藩の中でも、基本的に受け継がれていくのである。

二　犬山城の縄張り

犬山城は木曽川左岸の城山に築かれた平山城である。山は木曽川岸で断崖となり、それから南へ低下する独立丘で、北から本丸・二の丸を配置し、山下に三の丸を置き、外堀で囲んでいた。城下町はその南側に広がり、総構えで防御されていた。

三の丸南側に大手枡形を配置し、二の丸は地形に合わせて杉の丸、桐の丸、樅《もみ》の丸、松の丸

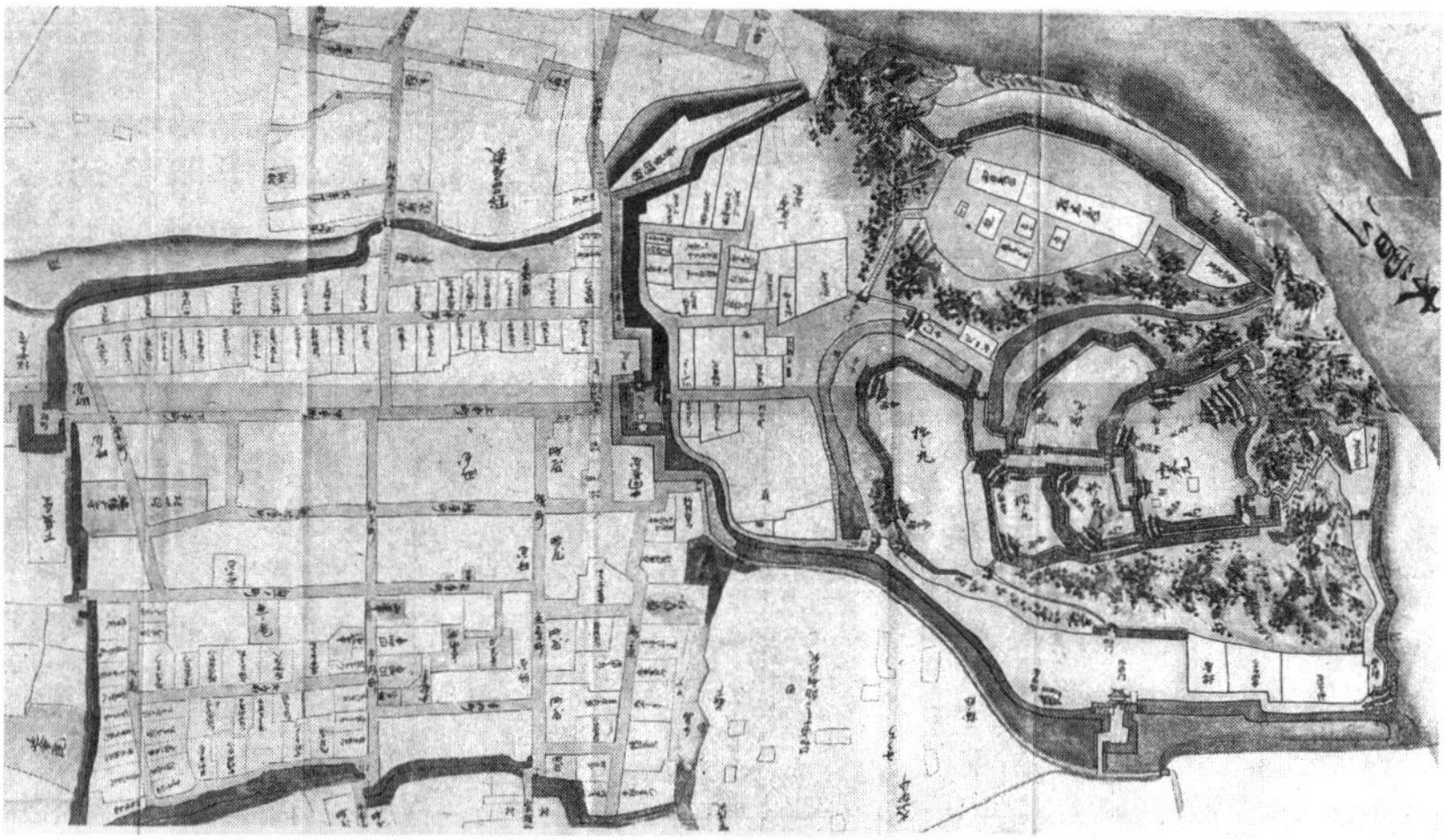

犬山城郭絵図　出典／犬山市教育委員会（編）1979

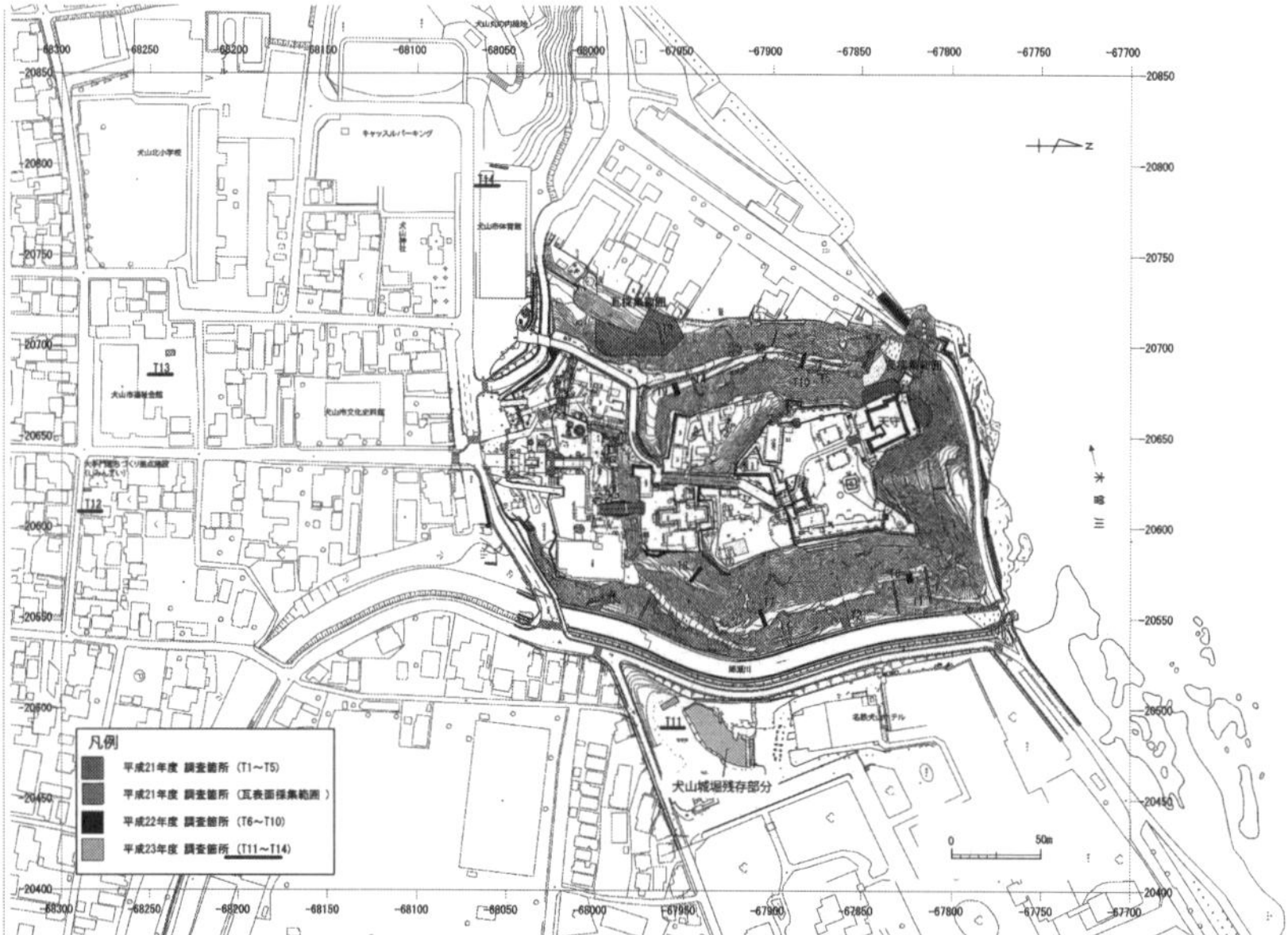

犬山城範囲確認調査 調査位置図　出典／犬山市教育委員会2012

犬山城検出切岸写真

桐紋瓦

近世堀及び土塁検出状況写真

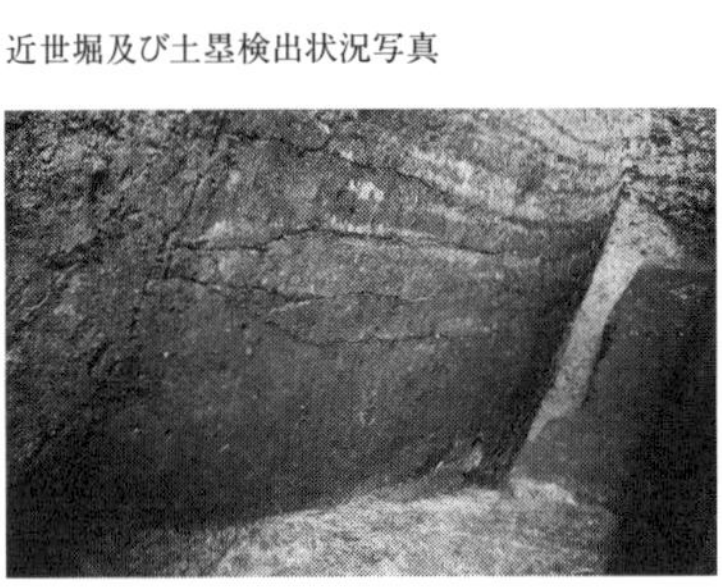

16世紀代の溝　検出状況写真

の四つの郭に分かれている。本丸は南北五〇メートル、東西六〇メートルほどの広場で、北に天守、南に複数の櫓を置き、外周に天守や櫓をつなぐように土塀をほぼ全周めぐらせていた。

現在確認できる様相は、近世城郭として成瀬氏が整備を完成させた近世以降のものである。戦国期の犬山城については不明な点が多いが、犬山市教育委員会が二〇〇九年より実施した範囲確認のための発掘調査により、近世以前の犬山城を推定する資料が得られた。

国宝天守が所在し、犬山城の中心部である、通称「城山」には、本丸をはじめ各郭を囲む切岸が構築されていることが明らかとなった。確実に切岸に伴う遺物が出土しなかったため時期は不明であるが、近世城郭として整備される過程の犬山城の様相を考える上で重要である。

また、これまで推定の域を出なかった城郭の堀についても、発掘調査により、その一端を検出した。堀の全幅が未検出なため、詳細な成果は今後の調査に委ねたいが、犬山城の城郭としての範囲を確認できた。

さらに、江戸期の堀の下層から溝を検出した。これは、近世に整備された犬山城に先行する、城郭に関わる何らかの施設が「城山」の麓部分にあった可能性を示唆している。この溝から一六世紀前半頃と推定される遺物が出土した。

その一方、中心部である「城山」から慶長期をさかのぼる遺物が出土していない。このことから、戦国期の犬山城について、犬山市教育委員会は「犬山城は天文六（一五三七）年に織田信康によって築城されたことは文献資料により知られているが、その時期の遺物が「城山」ではなく、その山麓部分で出土している。このことは、当初「城山」は戦時における詰めの城部分であった可能性を示唆していると考えられている。その後、木曽川との関わりなどによりそ

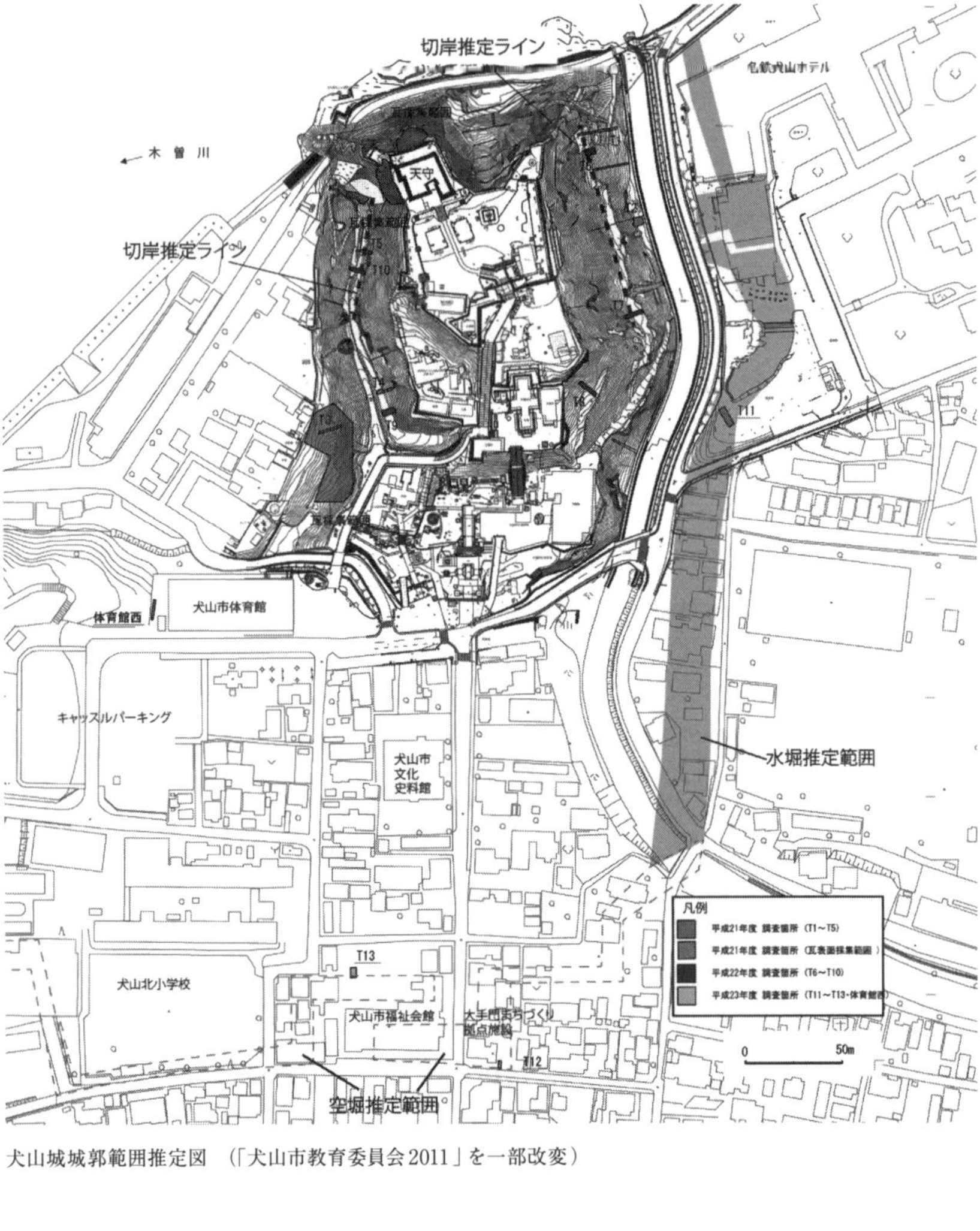

犬山城城郭範囲推定図　（「犬山市教育委員会2011」を一部改変）

の立地の重要性が認められ、慶長期に至って「城山」が中心部として整備されていき、近世城郭としての犬山城が完成された」と推定している［註1］。

三　成瀬家と犬山城

尾張藩付家老成瀬氏

元和三（一六一七）年に成瀬正成が徳川秀忠より拝領して以降、犬山城は明治維新に至るまで九代にわたり、成瀬氏が付家老として犬山城主を務めた。付家老は、徳川家康の意思により、義直（尾張家）、頼宣《よりのぶ》（紀伊家）、頼房（水戸家）の御三家に付けられ、各藩内においても特別な地位を保ち続けた。成瀬家初代犬山城主の正成は、幼少より家康に仕え、駿府で家康が展開した大御所政治においても駿府年寄として直接幕政に参加もできていた。しかし、世代交代が進み、幕府の政治機構が完成した頃には、付家老という特殊な立場に対する認識も次第に希薄なものとなり、陪臣として見られるようになってきた。

そして、成瀬氏など付家老各家は、その「付家老」という特別な地位を根拠に、文化から天保の江戸時代後期にかけて、幕府に対し、積極的に譜代大名としての家格回復を推し進めた。

慶応三（一八六七）年に幕府が倒れ、明治政府が実権を握った。幕藩体制の中で尾張藩付家老を務めてきた成瀬家は、慶応四年、成瀬正肥《まさみつ》が明治政府により「藩屏《はんぺい》」すなわち「大名」に列せられ、犬山藩が誕生した。その一方、尾張藩主徳川慶勝の願いもあり、依然として尾張藩政の中枢にもいた。

その後、中央集権化を進める明治政府のもと、明治二（一八六九）年、藩主成瀬正肥は天皇新政権に対して版籍奉還を上奏し、藩知事となった後、明治四（一八七一）年、廃藩置県により東京に本居を移すこととなった。

近代以降の犬山城と保存

近代以降の犬山城の状況については、資料に乏しい部分もあり、不明な点が多かったが、近年、松田之利氏の研究により、その状況について明らかにされつつある[註2]。松田氏は、旧犬山藩士の『村木家資料』（名古屋市博物館蔵）から、明治八（一八七五）年にこの地域が公園（稲置公園）となったことを明確にし、近世以来の名勝という評価をもとに大蔵省が廃城となった旧犬山城の城山と天守を公園として存置させる方針である一方、明治八年以降、すべての付属施設が売却されるか地震による倒壊などで失われたと推測している。

さらに、当時の濃尾地震以前と以降の管理体制についても研究を進め、現在の管理体制が明治二八（一八九五）年を踏襲しているとしている。まず、濃尾地震発生以前について、地元の稲置村に維持運営が委ねられたものの、稲置公園と天守の維持管理費を負担する能力はなく、明治二〇（一八八七）年頃には、稲置公園と天守の維持管理はほとんど立ちいかなくなっていた。

そのような中、濃尾地震が発生し、付櫓が倒壊するなど、天守をはじめ、犬山城は大きな被害を受けた。修復費用を支出する余裕のない愛知県は、対応策として地域住民などから広く寄付金を募って修復させて、永久保存は旧城主成瀬正肥に委ねることで、維持保存を図った。これにより、犬山城は成瀬家の所有となり、犬山城の管理運営は、成瀬家の下に設けられた犬山町在住の旧藩士や住民からなる管理委員会によって行われることになった。

現在、犬山城は財団法人犬山城白帝文庫が所有し、管理運営は犬山市が行っているが、その諮問機関として公益財団法人犬山城白帝文庫や市議会議員、関係諸団体の代表からなる「犬山城管理委員会」が設置されている。

四　犬山城の保存に向けた動き

これまでみてきたように、犬山城はその長い歴史の中で、廃城の危機にあったが、その重要性や優れた景観が認められ、ときの有力者及び地域住民により保護されてきた。天守は昭和一〇（一九三五）年、国宝保存法により、その後、昭和二七（一九五二）年、文化財保護法により国宝に指定された。現在、犬山市教育委員会では、所有者である公益財団法人犬山城白帝文庫と協力し、保存に向けた取り組みを実施している。

二〇〇八年には、犬山城の中心部である「城山」の詳細な測量調査を実施し、城郭の専門家等で構成される犬山城城郭調査委員会を設立し、その指導、助言のもと、二〇〇九年より範囲確認のための発掘調査を実施した。三年間の調査により、不明な点が多かった戦国期の犬山城の様相を把握する資料が得られるとともに、堀などの遺構が良好に残存している状況も明らかとなった。これらについて現在、考古学的な内容のみならず、建築史学、文献史学、歴史地理学など、これまで行われてきた様々な調査成果を総合的にまとめた『犬山城総合調査報告書』を作成中である。

併せて、国宝天守についても保存に向けた取り組みを実施している。天守は昭和三六（一九六一）年から昭和四〇年にかけて実施された解体修理から約半世紀が経過し、一部で経年劣化が進行している。そのため、二〇〇九年に犬山城修理委員会が組織され、その指導、助言のもと、耐震性の把握や修理方法について検討を重ねている。

保存活動と合わせて、普及啓発活動にも取り組んでいる。二〇〇九年より、学校の夏休み期

親子で参加「犬山城に親しむ会」

間に「親子で参加 犬山城に親しむ会」を開催し、犬山城内の清掃や防災設備の見学など、犬山城の保護の取り組みについて実際に体験し、文化財に親しむ機会を設けている。

現在、犬山城は、天守が国宝に指定されているとともに、国指定名勝「木曽川」の指定地の一部でもある。「日本ライン」として名勝地で全国に名が知られる木曽川は、昭和六（一九三一）年、国指定名勝として、文化財としても指定を受け、犬山城はその主要な構成要素の一つとされ、現在も名勝としての保護が図られている。今後はそれに加え、日本の歴史を語る上で欠くことのできない城として、保存を図るとともにそれにふさわしい整備を行い、後世に引き継いでいきたい。

参考文献

犬山市教育委員会編『犬山市史 史料編一 近世絵図集』一九七九年

犬山市教育委員会編『犬山市史 通史編上』一九九七年

犬山市教育委員会編『犬山市史 通史編下』一九九五年

財団法人犬山城白帝文庫歴史文化館編『犬山城 城をめぐる歴史と天守創建の謎を探る』二〇〇六年

註

1 犬山市教育委員会『犬山城範囲確認調査 第三次調査概要』（犬山市埋蔵文化財調査報告書第一〇集）二〇一二年

2 松田之利「濃尾地震と犬山城」二〇一〇年（財団法人犬山城白帝文庫歴史文化館編『研究紀要 第四号』）

松田之利「稲置公園の成立 前号論文「濃尾地震と犬山城」の訂正と補遺（一）」二〇一一年（財団法人犬山城白帝文庫歴史文化館編『研究紀要 第五号』）

松田之利「濃尾地震で破損した「犬山城」天守閣の修復に協力した人々」二〇一三年（財団法人犬山城白帝文庫歴史文化館編『研究紀要 第七号』）

犬山城 天守

第四章　総論　世界遺産登録へ向けて

日本の近世城郭の「顕著で普遍的な価値」とは何か

西村幸夫

周知の通り、世界遺産リストに搭載を求める資産には「顕著で普遍的な価値」（outstanding universal value）がなければならないとされている（世界遺産条約第一条）。

「顕著で普遍的な価値」をどのように定義づけるかについては、これまでも様々な議論があるが、一九九八年にアムステルダムで開催された世界遺産に関する専門家会議で試みられた「すべての人類の文化において共通した普遍的な課題に関する顕著な回答」〔註1〕とする定義は、明快かつわかりやすいものである。

ここでは、この定義に沿って、かつ、本書のなかで各論者が示す日本の近世城郭に関する見解を参考に、天守に代表される日本の近世城郭は、どのような「普遍的な課題」に対して、どれほど「顕著な回答」をおこなっているか、そして、そのことを通して日本の近世城郭には、いかなる「顕著で普遍的な価値」があるのかについて考えてみたい。

近世城郭の普遍性と特殊性

日本の近世城郭にとって「普遍的な課題」とそれを解決するための「顕著な回答」とは何であろうか。

世界の諸文明に共通する課題に、自らが住むところを敵からいかに守り、敵と戦うためにいかに備えるかということがある。つまり、軍事・防衛拠点としての建築物のあり方である。ギリシアの殖民都市からはじまって、ヨーロッパの城塞都市やアラブ都市、東アジアの都城など、多くの都市にとって、いかに外敵から自らの住まいを守るかは常に最大の関心事のひとつだった。これは都市自体にとっても、またその都市の拠点となる単体の建造物にとっても重要な「普遍的な課題」であった。

一方で、都市には統治の象徴となる建物がある。王宮や貴族の館、戦闘のための砦などである。近代であれば、市庁舎や裁判所などもそのように見なすことができる。都市にとって、いかにしてその統治のシンボルを説得力のある形で表現するか、ということが「普遍的な課題」となる。

ここでいう統治の象徴は、必ずしも建築物である必要はない。広場のようなオープンスペースや丘のような地形的特色そのものがシンボルとなることもあるだろう。また、城やマナーハウスが都市とは離れた場所に建てられることがあるように、統治の表現がつねに都市内に存在するとも限らない。

ここで言いたいのは、権力を表現するということは、他者を圧する力を表現すると同時に、他者から攻められない守りの堅さを表現することと一体であり、これは古今東西、いずれの地においても権力者の有する「普遍的な課題」であるということである。

では、こうした課題に対して日本の近世城郭はどのような「顕著な回答」を有していると言いえるのか。

第一に、宗教建造物以外では、日本の歴史上に例のない多層の大規模かつ複雑な木造建造物群でこれに対処した点があげられるだろう。日本には、五重塔や大仏殿のような社寺建築に、他を圧倒するような木造巨大建造物が古くから存在するが、世俗の建築物としては金閣の三重楼閣があげられる程度である。それが突如として、天守や櫓に代表されるような多層の城を造り出したのである。

これが信長の奇想によるものなのか、それとも戦国時代の必然なのかに関しては、本書の各章で述べられているような深い観想が必要であるが、こうした建築様式で表現される権威とその防御の姿は、まさしく日本特有の「顕著な回答」であると言えよう。

第二に、こうした回答が一六世紀末葉から一七世紀初頭にかけての、たかだか五〇～六〇年間に集中している点である。日本においては、この時代だけにこうした城郭のニーズが高まり、形式上も構造上も急速に発展し、そして一挙に沈静化したのである。これもたしかに回答の顕著なあらわれ方であるということができる。

これはもちろん、日本の国家が統一される最終局面を表現しているわけである。徳川幕府によって平和が招来された日本においては、戦闘手段としての城郭を建設する必要がなくなった。いやむしろ建設してはならないものになったのである。

しかしおもしろいことに、すべての城郭が不要になったわけではない。天にそびえる天守のようなアグレッシブな権威の表現が忌避されるようになったのである。ただそれも、すべての天守を破却することにつながったわけではない。天守のもつもうひとつの役割――統治の象徴としての役割は、多くの城において保持された。

城郭は、防御拠点としての役割は終えたにもかかわらず、統治の場としてのその機能は、以前にも増して重要となる。それに伴って、天守は統治の象徴としての役割を果たし続けることになった。このことは、防衛・統治という建築物の姿に関する「普遍的な課題」において、日本固有のもうひとつの「顕著な回答」であるといえるだろう。

つまり、大規模木造建造物としての日本の城は、大砲による攻撃にはまったく無力であるにもかかわらず、その後の時代も生き延びることができたのである。

西洋で一五世紀末までに技術がほぼ確立された大砲が、日本に導入されたのは、大友宗麟が一五七六年に南蛮人から購入したのが最初であるといわれる。

日本で石火矢と呼ばれる大砲は、しかしながら、大坂の役（一六一四～一五年）での家康による大坂城攻撃など、限られた場面でしか使用されることはなかった。大砲は移動を伴う野戦には不向きだったのである。また大坂の役の際も、大砲の命中率は高くなかったようで、この時点で日本の大砲技術は完成には達していなかった。

つまり、日本の戦国時代があと五〇年のびていたら、大砲の製造技術の蓄積が進み、戦さは大砲中心の時代となって、天守はもとより日本の城郭の構造そのものが、根本から覆されていたかもしれないのである。そうだとすると、日本に近世城郭は残らなかっただろう。いや、近世城郭は生まれてさえもいなかったかもしれない。おそらくは背が高くない石垣だけが水平に延びて、石造の建物を隠すような城郭の造りになっていたのではないだろうか。

大坂の役以降、日本は大砲が不要の天下太平の時代を迎えることとなった。この時代、天守は戦闘には役立たないものの、統治の象徴として生き延びることになった。このように、天守は日本史の生きた証人ということができる。その意味でも、天守は防御と統治のシンボルの日本的な「顕著な回答」であるといえるだろう。

第三に、いくつかの近世城郭は、日本の近代の荒波をも越えて存続してきたということである。一八七三年一月の太政官達により、一四四城一九要害一二六陣屋の廃城が決定している[註2]。いわゆる「廃城令」である。廃城された城郭の多くは民間へ払い下げられ、「封建の遺物であるばかりでなく、時代に取り残された邪魔者である」[註3]として取り壊されていった。加えて、城郭は旧藩士の反乱の拠点となるおそれもあるため、存在そのものが危険であるとも考えられたようである。

ただし、いくつかの城は破壊を免れている。四三城一要害は、軍事的役割が認められ陸軍省に留めおかれた。その後、一八八九年に政府は、軍事拠点以外の城を旧藩主または自治体に払い下げている。第二次世界大戦による被害に遭う以前の段階で、残されていたのは二〇城であったが、その大半は陸軍省の管轄下にあるものだった。市町村に払い下げられた城のほとんどは、すでに開発の憂き目に遭っていた。皮肉なことに、結果だけを見ると、戦前においては天守を守ってきたいちばんの立役者は陸軍省だったということになる。

しかし、軍が主導して始まったその後の戦争によって、城郭は壊滅的な被害を受けることになる。一九四五年の空襲によって、天守だけをとっても、名古屋城（五月一四日）、岡山城（六月二九日）、和歌山城（七月九日）、大垣城（七月二九日）、広島城（八月六日）、福山城（八月八日）などの国宝が焼失している［註4］。

日本がもう少し早く降伏を決断していたとしたら、尊い人命のみならず、こうした文化遺産も守られていたに違いないと思うと、じつに残念である。とりわけ、名古屋城は、江戸城と並び、徳川幕府が造りだした最大最高の近世城郭であっただけに、現在も残されていれば、文句なく世界文化遺産になっていただろう。

それはひとり名古屋市や日本の誇りとして語られる性格のものにとどまらず、世界がここに、あるひとつの固有な文化の形をもっていたことの証として、世界の多様な文化の拡がりを示す有力な実例のひとつとなり得たという点で、貴重だったはずである。

本書が対象としている三城に関していうと、彦根城は明治政府によって保存されたが、犬山城は濃尾地震（一八九一年）で被害を受けたのち、修理を条件に元の城主であった成瀬家に譲与されている。また、松本城は、第三章に詳述されているように、市川量造や小林有也などの松本市民の努力によって破壊から救われた。各城各様の保存の経緯をたどって今日に至っているのである。

こうした近代の歴史も残された城郭を貴重なものにしている。まさしく日本近代が背負ってきた「顕著な回答」であるともいえる。保存運動が近世城郭を守ったという点では、正の顕著な回答であり、戦争で多くを失った結果、残された近世城郭が貴重となったという意味では、負の顕著な回答でもある。

真実性と完全性のテスト

以上、日本の近世城郭の有する「顕著で普遍的な価値」がどのようなものであるかを見てきたが、世界文化遺産として登録されるためには、もうひとつクリアしなければならないハードルがある――真実性と完全性のテストである。

真実（authenticity）のテストでは、その資産が本物であることを証明する必要がある。日本の文化遺産の場合、文化財保護法で守られている指定文化財の修理や保存管理のあり方には高い評価がなされており、その点では真実性に問題はないということができる。

また、日本の城郭は、ことあるたびに江戸幕府に詳細な図面を提出することが義務づけられていたために、異なった時代にわたる複数の詳細な図面を現存させているという、世界でも稀な事実がある。この点も日本の近世城郭の真実性を論じる際の有力な論拠となるだろう。

ただし、日本の場合、近世城郭のほぼすべてが地域にとって貴重な観光資源となっており、城郭建築の内部も観光動線に沿った整備や展示がなされている。これらの今後のあり方を整理しておく必要があるだろう。また、土産物店など、観光客のための各種施設が城の各所に立地しているが、これも今後改善を求められることになるかもしれない。少なくとも、改善に向けた今後のあり方に関する明確な方針を建てておく必要がある。

一方、完全性（integrity）のテストでは、その資産構成で必要十分であることを証明するものである。同時に、それらの資産が十分に保存されていることも示す必要がある。

日本の近世城郭を評価する際に、どこまで対象を拡げるかはおおきな問題である。広くは城下町をどこまで取り込むかという問題であり、対象を絞ると、天守とそれ以外の城郭建築をどこまで取り上げるかという問題である。

城下町という都市のシステムそのものが、日本の近世のはじまり前後において生み出された固有の都市の姿なので、その重要性は城郭建築に劣らないという主張には説得力がある。ただし、だからといって、日本の近世城郭を論じる際に城下町まで含めなければ完全性が論じられないというのは、言い過ぎだろう。

城郭が城下町と切り離されて存在することはできなかったとしても、それだけで世界文化遺産として城下町まで含めなければ完全性が保てないということにはならないと考える。中国の紫禁城も韓国の昌徳宮もそれぞれ北京、ソウルという都市と不可分であるが、文化遺産としては独立して世界遺産に登録されている。城郭と城下町との関係も同様だろう。

都市そのものを世界文化遺産の対象として推薦するのであれば、都市の枢要な部分としての城郭をはずすことはできないだろうが、今回の提案は逆に城郭をメインとして、その完全性を論じる際にどこまで構成資産を拡げることが適切か、という文脈のなかにある。

城下町が完全な形でそのまま残されているのであればまだしも、現代日本ではそのようなことは考えられない。城下町の重要性を否定するわけではないが、城下町の価値は世界遺産とは別次元で、生きた都市としてまちづくりのなかで活かされるべきであると考える。

一方で、城郭という表現自体、城と郭（曲輪《くるわ》）という二つの語の組み合わせでできているので、城の部分のみならず、二の丸や三の丸など曲輪の構成全体を対象にすることで、ようやく全体性のテストをクリアできるとする考え方がある。

これももっともな考え方ではあるが、実際には曲輪のなかも近代以降の開発が進んでいるところが大半である。そのため、城郭として区画できる構成資産の範囲はそれほど広くは取れないといわざるを得ない。

むしろ、城郭のエッセンスを最もよく表現している建築物が天守であるので、天守を特異な建築類型として立て、それに付随する形で可能な限り曲輪の部分も含める、という作戦をとるのが現実的であると考える。

一九九三年に日本で初めて世界遺産に登録された四件〔註5〕のひとつ、姫路城の構成資産の範囲を見ると、内曲輪（本丸・二の丸・三の丸・西の丸など主要な城郭建築群）の全部と中曲輪（かつての高級武家屋敷地、のちに大半が軍用地となる。現在は学校や病院、公園などの公共施設のほか、民間の商店やオフィスを含む）の大部分から成っている（図1）。これは天守のみならず、城郭の構成そのものを評価した線引きといえるが、実際的には、特別史跡に指定されている範囲をそのまま世界遺産の範囲としたことによる。

ユネスコの世界遺産委員会も、日本の城郭建築の代表例として姫路城を評価しており、建築物の質の高さのみならず、固有の防御システム自体も評価の対象としている。

姫路城の資産構成は、思想としては明快であるが、世界遺産の審査が厳格さを増してきている昨今では、このような幅広の区域設定には困難が予想される。構成資産の区域内に含まれる民家やオフィスビルなども、すでに国の史跡指定地であるといった事情がない限り、範囲に含めるのは難しいだろう。ただし、現実的に考えると、現在の史跡指定地をそのまま資産範囲とするのもひとつの有力な考え方である。

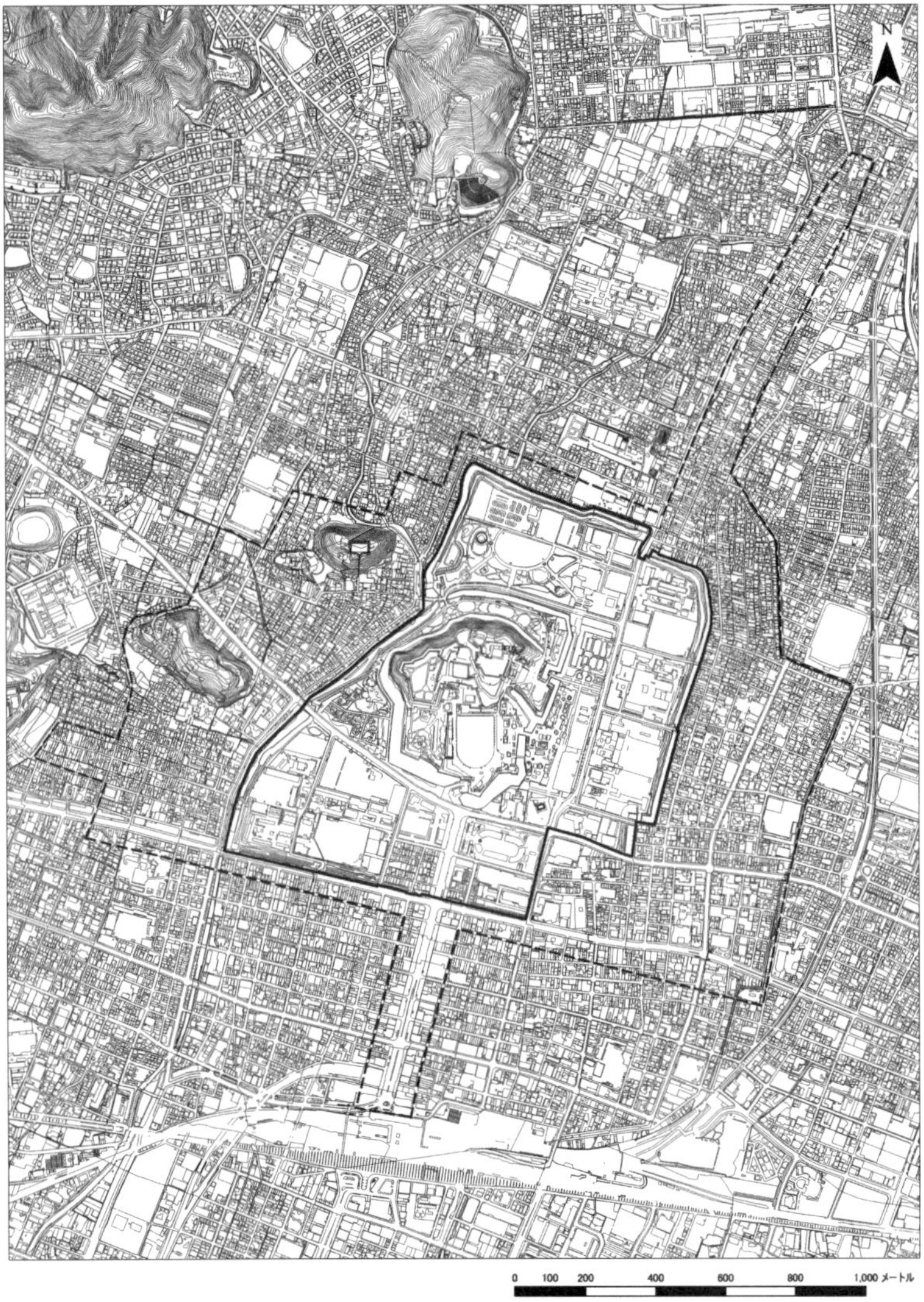

姫路城の構成資産範囲と緩衝地帯の範囲　資料提供：姫路市

完全性のもうひとつのテストは、彦根城・松本城・犬山城の三城を並べることで、日本の近世城郭の代表例を過不足なく網羅しているといえるか、という点である。

これを論証するためには、城郭の専門家による現存天守一二城*の徹底した比較研究が必要であろう。この点に関しては次節で触れたい。

残された課題

言うまでもないことであるが、日本の城郭には誰しもロマンをかき立てられる。皮肉なことにそうした数多い「お城ファン」はその熱い想いのために、それぞれ自分の城物語を紡ぎ出す傾向にあり、戦国武将による国盗り合戦といった時代小説張りの物語や古くからの俗説が多く、科学的な知見に基づいた議論がなかなか進まないということがある。そのうえ、意匠研究は軍学的色彩が強いものになっている。

城郭建築に関する実証的な研究そのものも、藤岡通夫*（一九〇八〜八八）や城戸久*（一九〇八〜七八）、内藤昌*（一九三二〜二〇一二）などの建築史家諸氏の歴史的な研究業績が、現在もなお学説の主流をなしている。つまり、城郭研究はすでに大半がこれらの先人たちによってやり尽くされたという印象を、多くの建築史研究者がもっているようである。

しかしそうだろうか。日本の城郭研究は、建築史のほか考古学や歴史学の研究者によって主として担われてきたことから、配置計画や建築様式や建築意匠の研究的な側面以外にも戦国期

現存天守一二城　本書八〜九頁参照。このほか熊本城の宇土櫓（熊本県、一六〇七年）をかつての天守と見なす説がある。（括弧内は現存する天守の建造年）

藤岡通夫　ふじおか・みちお　建築史家。東京工業大学卒業、同大講師、助教授、同教授、日本工業大学教授、同学長を歴任。熊本城や和歌山城の外観復元設計にたずさわる。著書に『城と城下町』、『姫路城』、『近世建築史論集』など。

城郭からの発展過程の研究、さらには政治経済史や生活史的な側面では活発な研究が続けられている。

他方、上記以外の研究分野、特に建築や土木技術に関わる研究、たとえば大規模木構造の加工技術の発達史や石垣の建設技術の展開、さらには大規模建築物を短期間で建設することから生まれた、部材の規格化や合理的な生産システムなどの研究分野に関しては、まだまだ検討の余地が残されているようである。また、これまで城郭の建設や改変の年代推定は、史料の解釈によって構築されてきたが、年輪年代測定法の実施などによって、科学的な根拠を明確に提示することも考えられてよいだろう。

いずれにしても日本の近世城郭に関して、これまでの学説にとどまることなく、さらなる科学的な知見の蓄積が現時点においても必要なのである。

そのうえで、海外の防衛拠点や政治拠点との比較、すなわち本稿の冒頭において指摘した「普遍的な課題」に対する「顕著な回答」のありようを、地域や時代を超えて比較対照するといったインターナショナルな視点での研究も、これから進めていかなければならないといえるだろう。

＊＊＊

より実際的かつよりセンシティブな問題として、姫路城の扱いをどうするかという問題がある。筆者は個人的には姫路城を含めて、登録を他の城郭にまで拡張するシリアル・ノミネーション［六八頁脚注参照］が最善であると考えるが、この点に関しても、登録を提案するストーリーの構築やそのための科学的な事実の究明など、やるべきことが多く残されている。

城戸 久　きど・ひさし
建築史家。名古屋高等工業学校（現名古屋工業大学）卒業、同校教授、同校学長代行、名城大学教授を歴任。岐阜城や岡崎城などの外観復元設計にたずさわる。著書に『名古屋城』、『城と要塞』、『国宝犬山城』など。

内藤 昌　ないとう・あきら
建築史家。東京工業大学卒業、同大学院修了。名古屋工業大学教授、東京工業大学教授、愛知産業大学学長を歴任。著書に『江戸と江戸城』、『復元安土城』、『城の日本史』など。

4 インドの「ダージリン・ヒマラヤ鉄道」(1999年登録)*7が2005年にニルギリ鉄道を加えて「インドの山岳鉄道群」*8として拡張されることが2005年に認められ、さらに2008年にはカルカ・シムラ鉄道が加えられた。その後もインド政府によって拡張登録が試みられている。

＊7 Darjeeling HimalayanRailway。軌道幅0.61mの軽便鉄道。
＊8 Mountain Railways of India

ダージリン・ヒマラヤ鉄道

5 ベルギーに数多く存在する鐘楼を持った市庁舎や教会、マーケットホールなどの建築物のうち「フランドル地方の鐘楼群」*9として合計24件が当初ベルギー政府から提案されたが、イコモスの指摘によりワロン地方の鐘楼6件を加えて合計30件が「フランダース地方とワロン地方の鐘楼群」*10として1999年に世界文化遺産に登録された。これはのちにフランスにある23件とベルギー所在の1件の鐘楼を加えて、名称を「ベルギーとフランスの鐘楼群」*11と変更して2005年に拡張登録されている。

＊9 Flemish Belfries
＊10 The Belfries of Flanders and Wallonia
＊11 Belfries of Belgium and France

イーペルの鐘楼と繊維ホール(フランダース地方)

6 ロシアの多くの都市にはかつての城塞(クレムリン)が存在し、このクレムリンには行政施設のほか、教会や居住施設などが立地している。このうち「モスクワのクレムリンと赤の広場」*12が1990年に、「カザン・クレムリンの歴史遺産群と建築物群」*13が2000年にそれぞれ世界文化遺産として登録されている。また、ノヴゴロド・クレムリンを含む「ノヴゴロドの文化財とその周辺地区」*14(1992年登録)とスーズダリ・クレムリンを含む「ウラジミールとスーズダリの白い建造物群」*15(1992年登録)が世界文化遺産となっている。ロシアは合計4か所のクレムリンを別々に世界文化遺産として申請し、登録を果たしているのである。

＊12 Kremlin and Red Square, Moscow
＊13 Historic and Architectural Complex of the Kazan Kremlin
＊14 Historic Monuments of Novgorod and Surroundings
＊15 White Monuments of Vladimir and Suzda

カザン・クレムリン

1

1993年に「ビエルタンと要塞教会」*1として登録されたビエルタンという名のルーマニアの特定の1集落が、1999年に「トランシルヴァニア地方の要塞教会のある集落群」*2として合計7つの集落のシリアルとして拡張登録された。

＊1 Biertan and its Fortified Church。要塞化した教会が集落の核となって現存している事例で、もっとも残り具合が良いビエルタン村が世界文化遺産として登録された。
＊2 Villages with Fortified Churches in Transylvania。この資産はのち2010年に同名のまま、資産の境界が若干拡張された。

トランシルヴァニア地方の要塞教会

2

1987年に「明・清朝の皇宮」*3として登録された中国・北京の紫禁城が2004年に瀋陽の瀋陽故宮を含めて拡張登録され、「北京と瀋陽の明・清朝の皇宮群」*4と改名された。

＊3 Imperial Palace of the Ming and Qing Dynasities
＊4 Imperial Palaces of the Ming and Qing Dynasities in Beijing and Shenyang

紫禁城

3

イラン国内の9庭園が一括して「ペルシャ庭園」*5の名前で2011年に世界文化遺産に登録された。この時、ペルシャ庭園の影響を強く受けているムガール式庭園であるシャーリマール庭園（パキスタン）が「ラホールの城塞とシャーリマール庭園」*6という名称ですでに1981年に世界遺産として登録されていたにもかかわらず、これはそのまま残されている。インドの「タージ・マハル」（1983年登録）の前庭も元来はムガール式庭園である。

＊5 The Persian Garden。庭園がGardenと単数形である点に注意。すなわちこれはペルシャ式の庭園をひとつの庭園様式としてとらえ、それそのものを9つの異なった代表的な庭園によって表していることを示す。
＊6 Fort and Shalamar Gardens in Lahor。庭園は3つのテラスから成るためGardensと複数形をとっている。

タージ・マハル

この点に関しては、これまでの世界文化遺産の登録事例で単体から拡張され、名称も変更になったケースを詳しく見直すことも必要となる。

今回の近世城郭と比較的類似している具体的な事例を前頁の表にまとめた。

表に掲げた六件のうち、6には重要な後日談がある。二〇一一年、ロシア政府は世界遺産に未登録の各地のクレムリンのうち一三か所を特定し、世界遺産への登録準備を開始し、そのうち準備が整った最初の三都市（アストラハン、ウグリチ、プスコフ）のクレムリンをシリアル・ノミネーションでユネスコへ提出したのである。

この申請書は1から5のようにたんなる資産の拡張ではなく、これまでの登録資産とは別個に、並行して新たな登録申請を出した点に明確な差異がある。さらに今後の追加登録も予定に入れた申請という点も、他にないスタンスである。

この申請書に対するイコモス*の評価は「不登録」であった。その理由のうち、「顕著で普遍的な価値」に関する本質的な指摘は以下のようなものだった［註6］。

第一に、すでに登録されている四つのクレムリンでは明らかにされていないどのような価値を、新たに提案する三つのクレムリンで証明できるのかが明確ではない。また、新たに提案する三つがそのために必要十分の選択であることが証明できていない。

第二に、三つのクレムリンのそれぞれが「顕著で普遍的な価値」に対して、どのような固有の貢献をなしているかが明らかでない。

第三に、三つのクレムリンが、一四世紀から一七世紀にかけて建設されたロシアの軍事施設のなかで、いかに例外的に重要な位置を占めているのかに関する広範な比較研究が必要である。

イコモス
国際記念物遺跡会議（International Council on Monuments and Sites）の略称。パリに本部を置く国際非政府組織（NGO）で、遺跡や歴史的建造物の保存を目的に一九六五年に設立された。ユネスコの諮問機関のひとつで、世界遺産条約に基づいて世界遺産登録への可否を事前に審査することで知られる。

また、仮にすでに登録されている四つのクレムリンも含めてシリアル・ノミネーションを設定するとするならば、その場合には、「顕著で普遍的な価値」の再定義を含んで、新たな申請として再提出する必要があると指摘されている。これはすでに四件も別のストーリーで世界遺産登録を果たしているものを、新たにグループとして評価し直すとすれば、手続きが複雑になるという指摘である。

今回の日本の近世城郭の場合に引きつけて考えると、次を単体の城でノミネートすると、その後のシリアル・ノミネーションは困難となることを示唆している。また逆に、シリアル・ノミネーションで最初からトライするとするならば、それぞれの城郭が「顕著で普遍的な価値」に対してどのような固有の貢献ができるのかを明確にしておく必要があるということも示唆している。

イコモスによるクレムリンの評価の考え方の多くは、おそらくそのまま日本の近世城郭にもあてはまるだろう。城郭のおおきな物語のなかで、個々の城郭や天守がどのような意味をもち、それぞれ固有の役割を果たすことになるのか、深い検討が必要である。

いずれにしても、城郭研究のさらなる科学的な進展によって、それぞれの城郭をひとつの価値の物語のなかにうまく位置づけていくことが何にもまして必要である。世界遺産登録への努力が、日本の近世城郭に関するより深い科学的探求を要請するのである。

こうした努力自体が学問の進化につながるという意味では、これは歓迎すべきことであるといえる。これを機に、日本の城郭研究がさらなる高みへ達することを期待したい。

註

1 原文：an outstanding response to issues of universal nature common to or addressed by all human cultures

2 廃城の詳細は、森山英一『明治維新・廃城一覧』（新人物往来社、一九八九年）に詳しい。

3 尾佐竹猛「明治初年に於ける破壊思想と保存思想（下）」『史蹟名勝天然紀念物』第一五巻第二号、一九三〇年。

4 天守以外で戦災に遭った主な城郭建築として首里城守礼門ほか（五月二一日）、宇和島城追手門（七月一三日）、松山城天神櫓ほか（七月二六日）、水戸城御三階櫓（八月二日）などがある。

5 姫路城以外の三件は、法隆寺地域の仏教建造物、屋久島、白神山地。

6 出典：ICOMOS 2012 Evaluations of Nominations of Cultural and Mixed Properties to the World Heritage List, ICOMOS Report for the World Heritage Committee, 36th Ordinary Session, Saint Petersburg, June–July 2012 (WHC-12/36.COM/INF.8B1) PP. 285–300

著者紹介

麓 和善　ふもと・かずよし

1956年香川県生まれ。名古屋工業大学大学院教授。専門は建築歴史、文化財保存。犬山城・彦根城・安土城・小牧山城・岐阜城・金沢城・鳥取城など全国の史跡整備、文化財修理に委員として参画。著書に『城の日本史』（講談社学術文庫、共著）、『復元日本大観1　城と館』（世界文化社、共著）など多数。

五十嵐敬喜　いがらし・たかよし

1944年山形県生まれ。弁護士、法政大学法学部教授。専門は都市政策、立法学、公共事業論。近年、災害復興の切り札として期待される制度的、思想的概念「現代総有論」を提唱し、みんなで共同して土地・海面・森林、都市などの地域資源を利用し、その恩恵・利益を地域全員に還元していくことをめざす。

岩槻邦男　いわつき・くにお

1934年兵庫県生まれ。兵庫県立人と自然の博物館名誉館長、東京大学名誉教授。世界自然遺産候補地の考え方に係る懇談会座長。日本人の自然観にもとづく地球の持続性の確立に向けて積極的に発言している。94年日本学士院エジンバラ公賞受賞。2007年文化功労者。

西村幸夫　にしむら・ゆきお

1952年、福岡市生まれ。東京大学教授。日本イコモス国内委員会委員長、文化庁文化審議会委員、同世界遺産特別委員会委員長。専門は都市計画、都市保全計画、都市景観計画。『西村幸夫　風景論ノート』（鹿島出版会）、『都市保全計画』（東大出版会）など著書多数。

松浦晃一郎　まつうら・こういちろう

1937年山口県出身。外務省入省後、経済協力局長、北米局長、外務審議官を経て94年より駐仏大使。98年世界遺産委員会議長、99年にはアジアから初のユネスコ事務局長に就任。著書に『世界遺産—ユネスコ事務局長は訴える』（講談社）、『国際人のすすめ』（静山社）など。

矢野和之　やの・かずゆき

1946年熊本県生まれ。修復建築家。（株）文化財保存計画協会代表取締役。日本イコモス国内委員会事務局長。文化財建造物保存修理、遺跡保存整備、歴史を生かしたまちづくりなど、国内外のプロジェクトに参画。『空間流離』（建知出版）、『重要文化財熊本城宇土櫓保存修理工事報告書』など、著作や報告書多数。

谷口 徹　たにぐち・とおる

1953年滋賀県生まれ。彦根城世界遺産登録推進室専門員。明治大学文学部考古学専攻卒。滋賀県文化財保護協会、滋賀県埋蔵文化財センター、彦根城博物館（彦根市立）、文化財課に勤務。文化財部長を経て、2013年より現職。

後藤芳孝　ごとう・よしたか

1948年松本市生まれ。松本市教育委員会 松本城管理事務所研究専門員。長野県内の小・中学校の教員を経て、2009年より現職。

桑島直昭　くわじま・なおあき

1972年福井県生まれ。松本市教育員会松本城管理事務所城郭整備担当主査。松本市文化財課勤務を経て、2010年より現職。

川島誠次　かわしま・せいじ

1984年岐阜県生まれ。犬山市教育委員会歴史まちづくり課主事。岡山大学文学部人文学科卒。（財）岐阜市教育文化振興事業団埋蔵文化財調査事務所を経て、2009年より現職。

日本の城・再発見
彦根城、松本城、犬山城を世界遺産に

2014年3月10日　初版第一刷発行

編著者：五十嵐敬喜＋岩槻邦男＋西村幸夫＋松浦晃一郎
企画協力：彦根市、松本市、犬山市
編集協力：戸矢晃一、中島佳乃

発行者：藤元由記子
発行所：株式会社ブックエンド
〒101-0021
東京都千代田区外神田6-11-14 アーツ千代田3331
Tel. 03-6806-0458　Fax. 03-6806-0459
http://www.bookend.co.jp

ブックデザイン：折原 滋（O design）
印刷・製本：シナノパブリッシングプレス

乱丁・落丁はお取り替えします。
本書の無断複写・複製は、法律で認められた例外を除き、
著作権の侵害となります。

© 2014 Bookend
Printed in Japan
ISBN978-4-907083-10-6

BOOKEND